MAGISCH REISEN

Mit dem Herzen die Welt erleben
und zu sich selbst finden

Erholungsreisen, Bildungsreisen, Abenteuerreisen – es gibt viele unterschiedliche Wünsche und Erwartungen rund ums Reisen. In einer Zeit des Umbruchs, in der fast jedes Ziel auf unserem Erdball Reisenden zugänglich ist, in der es kaum noch geographisch weiße Flecken gibt, kann Reisen jedoch einen neuen Sinn gewinnen. Die Faszination der Begegnung mit anderen Ländern, Menschen und Kulturen liegt nicht mehr nur im vordergründigen Erleben der Exotik des Andersseins, sondern darin, was wir über uns selbst und über unser gemeinsames menschliches, kulturelles, religiöses Erbe erfahren. MAGISCH REISEN ist die Aufforderung zum Reisen in fremde Länder, als blicke man in einen Spiegel der eigenen Seele.
Die Idee für die Reihe MAGISCH REISEN stammt vom bekannten Fachbuchautor, Astrologen, Mythenforscher, Journalisten und Dramaturgen Bernd A. Mertz. Er, der Goldmann Verlag und der Herausgeber legen eine in sich geschlossene Reihe vor, die allerdings der Einzigartigkeit von Land, Themenkreis und Autor/in immer individuellen Spielraum öffnet.

MAGISCH REISEN, das heißt anders reisen: Orte der Kraft und heilige Stätten erleben, Göttern und Heiligen, Urgestalten und Heroen begegnen und die Welt der Mythen und Märchen, der Sagen und Fabeln betreten.

MAGISCH REISEN heißt auch anders lesen: mit Verstand und Herz, mit Gefühl und Seele in Geschichte und Geschichten, in Stimmungen und Landschaften, in geistige Botschaften und heilige Energien eintauchen, äußere Reisen zu inneren Erfahrungen machen, im Geiste in ferne Gefilde entschweben, ohne den Fuß vor die Türe zu setzen.

MAGISCH REISEN möchte die Leser/innen dazu inspirieren, das Leben als die magische Reise zum eigenen Sinn zu erfahren, auf deren Wegstrecke die äußeren Reisen in immer wieder neue Winkel unserer alten Mutter Erde auch immer wieder neue Anstöße zur bewußten Lebensreise sind.

Der Herausgeber

Wolfgang von Rohr

BERND A. MERTZ

ÄGYPTEN

Land von Isis und Osiris –
zurück zu den Urgöttern

Goldmann Verlag

Herausgegeben von Wulfing von Rohr

Originalausgabe

Der Goldmann Verlag
ist ein Unternehmen der Verlagsgruppe Bertelsmann

Made in Germany · 2/91 · 1. Auflage
© 1991 by Wilhelm Goldmann Verlag, München
Umschlagfotos: ZEFA, Düsseldorf
Umschlaggestaltung: Design Team München
Druck: Presse-Druck Augsburg
Belichtung: Compusatz, München
Verlagsnummer: 12281
Lektorat: BL / Daniela Schetar / Dieter Löbbert
Herstellung: Sebastian Strohmaier
ISBN 3-442-12281-3

Inhalt

Einladung nach Ägypten

Wer nach Ägypten reist, der unternimmt – ob bewußt oder unbewußt – eine Reise in die Vergangenheit und in die aktuelle Zukunft, denn es sah schon die ägyptische Skorpiongöttin Selket: »Ich habe das Gestern gesehen – ich kenne das Morgen!« Dies bedeutet: Um die Zukunft zu erkennen, müssen wir das Vergangene neu erfahren. Ägypten ist Gestern und Morgen zugleich; dieses Land ist voller Geheimnisse und liegt doch offen vor uns.

Das alte Ägypten, die älteste Hochkultur der Welt, die heute noch nachvollziehbar ist, offenbart uns Zusammenhänge der Schöpfung, des Göttlichen und des Urwissens, wie sie in dieser Verdichtung nirgends sonst zu finden sind. **Ägypten ist Gestern und Morgen zugleich**

Wer etwas über unsere heutige Welt wissen möchte, über ihre Probleme, Herkunft, Entwicklung und Vergänglichkeit, der muß Ägypten erfahren haben. Doch ist diese Kultur nicht mit dem rationalen Denken des zwanzigsten Jahrhunderts zu erfassen, schon gar nicht mit der Ironie gewisser Reiseleiter, die das heutige Ägypten belächeln, die Hieroglyphen zwar lesen können, aber vom ihnen innewohnenden Urwissen der Mythen und der Geschichte nichts ahnen.

Besonders bedeutsam ist Ägypten in erster Linie für diejenigen, die sich auch für die Esoterik interessieren. Für jene Menschen also, die mehr von dem inneren Wissen, den inneren Ursachen und dem inneren Sinn der Geschichte lernen wollen.

Um den Interessierten einen Schlüssel zum inneren Tor Ägyptens in die Hand zu geben, ist diese kleine Arbeit entstanden, die uns in eine höchst lebendige Welt führen wird.

Ägypten – Tor zu allen Zeiten, die in uns leben

Ägypten öffnet uns alle Zeiten, deren Spuren noch in uns leben. Sowohl die vor- als auch die alt- und die neutestamentarische Zeit, die Zeit der Mythen, des geheimen Wissens und der Erforschung des Zusammenhangs zwischen Erde und Himmel oder umgekehrt. Wer seine Rückbindung an die Gottheiten verloren hat, der vermag diese in Ägypten wiederzufinden; wer sich mit dem Sinn des Lebens schwertut, in Ägypten wird er diesem Sinn näherkommen; wer manches Geschick der Welt nicht versteht, in Ägypten ist er dem Verstehen auf der Spur.

Mögen auch die großartigen Tempel und Bauten *nur* noch Ruinen sein, so sagen sie doch mehr aus als alle Großbauten der Technik der letzten Jahrhunderte und Jahrzehnte.

In Ägypten wird zwar der einzelne klein, aber als Individuum groß, weil er sich wieder im Zusammenhang mit dem All eingebunden weiß, sozusagen als Glied einer Entwicklungskette, deren Anfang er nicht mehr erkennen konnte. Aber wer nicht weiß, woher er stammt, welchen Weg er und die Menschheit allgemein bisher gegangen sind, der vermag auch nicht das gegenwärtige Leben oder gar die Zukunft erfolgreich und mit Zuversicht zu gestalten.

Insofern ist eine Reise nach Ägypten eine Lehrreise. Das uralte Land am Nil ist wie ein Buch, das
man lesen muß, wenn uns auch gewisse Wörter
dieses Lehrwerks ihren tiefen Sinn vielleicht nicht
auf den ersten Blick offenbaren. Versuchen wir
daher, diesen Sinn etwas offenzulegen, damit er
um so nachhaltiger in die Tiefe wirkt, um über
Erkenntnis geheimes Wissen zu verstehen.

Die Reise nach Ägypten ist eine Lehrreise

Das vorliegende Buch ist ein esoterischer Reiseführer für die äußere und die innere Reise nach
Ägypten. Ein guter allgemeiner Reiseführer ist
zusätzlich nützlich, da das, was in Ägypten gesehen und erlebt werden kann, zu umfassend ist,
um es hier auch noch aufzunehmen. Die Konzen-
tration auf das mythische und religiöse wie magische Urwissen bedingt eine Vernachlässigung der
Geschichtsentwicklung, der Abfolgen der Dynastien, der Pharaonenregierungen sowie der üblichen Kunst- und Bauwerkbeschreibungen, wobei
diesbezüglich auf die ausgezeichnete Fachlitera-
tur der bekannten Reiseführer zurückgegriffen
wurde (siehe Literaturverzeichnis).

Hier geht es allein darum, den Weg zu den
Urgöttern zurückzufinden, um zu verstehen, was
unsere Seelen geprägt hat, was – wenn auch tief-
verschüttet – in uns lebt und damit auch unser
heutiges Denken und Handeln unbewußt mitbe-
stimmt.

Noch eine Anmerkung zum Gebrauch dieses esoterischen Reiseführers.

Wem es schwerfällt, die verschiedenen, sich oft
überlappenden Götter einzuordnen, der kann
sich im Anhang des Buchs über die Götter und die
häufigsten Symbole schon während der Lektüre
stichwortartig orientieren.

Es sei jedoch empfohlen, sich einfach den Schilderungen anzuvertrauen, weil kein Gott und keine Göttin ohne ihre Legenden und Mythen ganz zu verstehen sind. Die auf sie bezogenen Stichwörter im Buchanhang dienen der klareren Zusammenfassung.

(Die Schreibweise der Orts- und Personennamen ist in den zahlreichen Übersetzungen oft verschieden. Auch die Daten und Jahreszahlen stimmen häufig nicht überein.)

Die Orte
unserer esoterischen Reise

Kairo – Ägyptisches Museum, Ibn-Tulûn-Moschee.

Sakkara – Stufen- und Unas-Pyramide. Serapeum.

Gîzeh – Cheops-Pyramide. Und Sonnenbarke im dortigen Museum.

Tuna el-Gebel – Nekropole von Hermopolis. Gräber der Paviane und Ibisvögel.

Amarna – Gräber.

Abydos – Tempel Sethos' I., Osireion.

Dendera – Hathor-Tempel, Osiris-Kapelle, Tierkreis von Dendera.

Theben-Ost – Luxor- und Karnak-Tempel.

Theben-West – Tal der Könige, Grab Sethos' I., Grab des Sennefer, Tempel der Hatschepsut und von Ramses III.

Esna – Chnum-Tempel (bedingt).

Edfu – Tempel des Falken.

Kôm Ombo – Der Tempel der zwei Schiffe von Haroëris und Sobek.

Elephantine – Nilometer und Tempel des Chnum.

Gelkia – Versetzter Tempel der Isis von Philae.

Abu Simbel – Tempel von Ramses II. und Tempel der Nefertari.

Die Schöpfung

Der Nil ist Ägypten.

Ohne ihn gäbe es kein Leben in Ägypten. Aber der Nil ist mehr als nur der Fruchtbarkeitsspender. Er ist Sinnbild für das Leben, ja für den Ursprung des Lebens schlechthin.

Der Nil fließt von Süden, wo die Sonne ihren höchsten Stand erreicht, nach Norden, wo die Sonne nie zu erblicken ist. So war dieser Strom für die Ägypter unendlich.

Bei Assuan an der Stromschnelle, dem ersten Katarakt, sahen die Ägypter zwar das Wasser des Nils vom Süden kommen (später auch bei Abu Simbel), aber sie kannten den Ursprung nicht, wußten nicht, wo die Quellen lagen. Also entströmte er nach ihrem Weltbild dem Himmel: Unsere heutige Milchstraße war für sie der himmlische Nil.

Für die alten Ägypter vor fünftausend Jahren begann alles im Himmel und endete dort.

Der Nil kam vom Himmel

Vom Nil *und* der Himmelsbeobachtung hing für sie das Leben ab. Deswegen waren die Plätze der Himmelsbeobachter, der priesterlichen Astrologen und Astronomen (wobei die Astrologen Astronomen waren und umgekehrt), auf den Dächern der Tempel. Hier oben wurden die Bewegungen der Gestirne gesehen, registriert und

Aus dem Nil wurde
Ägypten geboren in Form von Zeichnungen auf dem Tempeldach
dokumentiert.

Alles was vom Himmel schien oder kam –
Helle, Dunkelheit, Hitze und Stürme und manchmal (im Norden) Regen –, war heilig, wurde von
den Göttern geschickt, wie auch die Nilflut, die
den fruchtbaren Nilschlamm mit sich brachte. Wo
der Nil floß, da war Leben – da war es grün.
Manchmal nur einige Meter, manchmal sogar ki-
lometerweit in die Wüste hinein. Am Nil konnte
der Mensch leben, wie alles Leben aus dem Nil
geboren wurde. Bei der jährlichen Nilüber-
schwemmung trat der Nil des öfteren derart über
die Ufer, daß – so weit das Auge reichte – alles von
Wasser bedeckt war. Ging dann die Nilflut zurück, so wuchs aus dem Wasser das Leben: Win-
zige, kleine Inseln stiegen aus dem Nil auf,
wurden Keimzellen des neuen Lebens.

Abseits des lebenspendenden Stroms breitete
sich die Wüste aus, dort herrschte der Tod, der

jedes aufkommende Leben erstickte. So schien die Überlegung folgerichtig, daß die Erde auf diese Weise entstanden sein mußte – aus dem Wasser geboren, wo Wasser und Land getrennt wurden. Beim Anblick dieser Bilder ahnte die Seele, daß Wasser im tieferen Sinn Leben bedeutet.

Aber der Nil brachte auch die Angst, Tod und Sterben. Brach die Nilflut alljährlich über die Menschen herein, dann gab es für Tausende kein Entrinnen mehr vor den übermächtigen Wassern, in denen sie hilflos ertranken, weil niemand sie gewarnt hatte. Die Nilflut transportierte Leben, daher bedurfte es keines großen Nachdenkens, daß gestorben werden muß, wenn neues Leben geboren werden soll. So lehrte der Nil auch, Opfer zu bringen, bereit zu sein zum Übergang in eine andere Welt. Trotzdem wollte man wissen, wann die Opfer zu bringen waren, denn nicht jedes Jahr war die Nilflut gleich. Oft fiel sie überwältigend, dann wieder weniger mächtig aus. Da alles vom Himmel gelenkt wurde, beobachtete man diesen, verglich die Himmelskonstellationen mit den Ereignissen am Fluß und zog daraus Schlußfolgerungen.

So fiel auf, daß sich ein kleiner schwarzer Käfer (Mistkäfer) vor der Nilflut vom Ufer entfernte, um sich – so schien es – in Sicherheit zu bringen. Ein irdischer Hinweis auf die spätere göttliche Bedeutung des Skarabäus. Ein anderes Tier kam dagegen regelmäßig mit der Flut vom Süden her nach Ägypten, um das Land wieder zu verlassen, nachdem sich das Wasser zurückgezogen hatte. Es war ein storchenähnlicher Vogel, der Ibis, der für die Menschen große Bedeutung gewann. Dasselbe galt auch für die Tiere im Fluß selbst! Da gab es große und kleine, von denen besonders die großen, die Krokodile, den Menschen gefährlich wer-

Ein kleiner Käfer bekommt eine große Bedeutung

den konnten. Sie alle waren den Menschen jener Zeit in mancher Beziehung überlegen, da sie fliegen oder tauchen konnten und unbesiegbar schienen.

Dies schien nur dadurch erklärbar, daß in den wilden Kreaturen göttliche Kräfte innewohnen mußten, die den Menschen nicht zugänglich waren.

Ein Stern kündigt die Nilflut an

Später wurde eine zunächst zufällige Beobachtung am Himmel zur Gewißheit: nämlich jene, daß ein Stern am frühen Morgen die Nilflut ankündigte. Ging dieser Stern im Hochsommer, also wenn die Sonne ihre größte Kraft entwickelte, *vor* der Sonne funkelnd und blitzend am Morgenhimmel auf – heute nennen wir dies den heliakischen Frühaufgang eines Sterns (von Helios gleich Sonne) –, dann kam mit erstaunlicher Regelmäßigkeit die Nilflut. Kein Wunder, daß die Ägypter auf diesen Stern Jahr für Jahr warteten! Und sie gaben ihm mächtige Namen wie »Seth«, »Sopdet«, »Sepedet« oder »Sopdu«, der Scharfe. Heute nennen wir ihn »Sirius«. Durch solche Zeichen des Himmels und der Erde wurde der »Nilgott« berechenbar. Der Mensch machte sich Bilder von dem, was er erst nur ahnend – weil noch nicht wissend – erlebte. Die Oberen der Ägypter begannen sich Gedanken über die Erschaffung der Welt zu machen, denn, dies war schon klar, die Zukunft konnte nur gestaltet werden, wenn das Wissen über die Vergangenheit vorhanden war. Man erkannte, daß Helle (Tag) und Dunkelheit (Nacht) sich ablösten und daß die Sonne zwar den Tag brachte, selbst aber am Abend in die Unterwelt tauchte. Dabei war die Beobachtung wichtig, daß die Sonne immer im Osten des Nils erschien und stets jenseits des Nils, im Westen, verschwand. Ging sie unter, dann erschien am Firmament ein

anderes Licht, das (nicht immer) ebenso groß zu sein schien wie die Sonne – der Mond.

Die fünf Landschaften Ägyptens: Sumpf, Nil, Felder, Wüste, Gebirge

Es gab also stets zwei Bilder, zwei Lichter, zwei Ufer des Nils, so wie Himmel *und* Erde existent waren. Und da es auch zwei verschiedene Menschen gab (Mann und Frau), mußte es demnach immer auch mindestens zwei Gottheiten geben – oder ein Götterpaar.

Das erste Gottpaar wurde Nun und Naunet genannt, und diese beiden Gottheiten personifizierten die Urwasser, die keine Ufer kannten. Da auch der Raum, blickte man nur zum Himmel oder zum Horizont, unendlich schien, mußten hier ebenfalls Götter walten. Dies waren Huh (Hehet) und Hauhet (Heket). Doch neben den Wassern und neben dem unendlichen Raum gab es auch eine Urfinsternis, die durch das Gottpaar Kuk (Kek) und Kauket (Keket) vertreten wurde. Das vierte Gottpaar hieß Amun und Amaunet und repräsentierte das leere Nichts, aus dem die Welt geboren wurde.

Es war übrigens – gemäß den Mythen – schließlich Amun, der auch der »Verborgene« genannt wurde, der all diese Gottheiten zum »Urchaos« zusammenwehte, um daraus nach seinem Schöpfungsplan die Ordnung der Welt zu schaffen.

Vier Gottpaare also, entsprechend den vier Himmelsrichtungen, die wiederum über den Nil erfahren wurden, woran wir uns noch einmal erinnern wollen:

Der Strom kommt von Süden, wo die Sonne hoch am Himmel steht, um gen Norden zu fließen, wo sie nie zu sehen ist. Die Sonne jedoch erscheint östlich des Nils, um im Westen zu verschwinden. Dort »stirbt« sie. Noch heute sprechen die Ägypter davon, daß sie *zum Westen gehen*, wenn sie spüren, daß ihr Diesseitsleben sich dem Ende zuneigt. Deswegen wurden auch die Metropolen stets am Ostufer des Nils errichtet, während die Nekropolen – Totenstädte – dagegen nur im Westen lagen.

Der Nil war eine Gottheit

Der Nil war – und ist es heute noch – auch eine Orientierung für die wesentlichen Entwicklungen der Menschen. Er war wahrhaftig eine Gottheit, der man auch Opfer bringen mußte. So ist davon die Rede, daß um die Zeitenwende die ägyptischen Priester dieser Flußgottheit jedes Jahr eine hübsche Jungfrau schenkten, die dem Nilgott »ins Hochzeitsbett« gelegt wurde. Noch heute ist das Wort vom »Nilopfer« selbst in unseren Breiten geläufig. Diese Opfer waren besonders dann wichtig, wenn mehrere Nilschwemmen hintereinander, in den »mageren Jahren«, nicht für genügend fruchtbaren Boden sorgten – im Gegensatz zu den »fetten Jahren«, da alle Welt sich nach den Fleischtöpfen Ägyptens sehnte.

Die Veränderungen des Nils, während denen nach dem Chaos der Nilschwemme das Land fruchtbar wurde, prägten sich tief in die Seelen der alten Ägypter ein – aber auch die Tatsache, daß ein »Licht« des Himmels Zeichen gab.

Inzwischen waren die Tage – dank der Zeitgesetze von Sonne und Mond – berechenbar geworden. Der Jahreslauf der Sonne konnte mit den zwölf Mondumläufen in Beziehung gebracht werden, weil die Erscheinungsformen des Mondes nun gezählt werden konnten: Nach rund dreißig Nächten stand der Vollmond hoch am Himmel, und dies zwölfmal im Jahr; danach ging die Sonne wieder dort auf, wo sie vor 365 $1/4$ Tagen erstmals erschienen war. Der Mond war für die Ägypter zunächst viel wichtiger als die Sonne. Die Sommerhitze wurde nicht der Sonne, sondern dem Stern Sirius zugeschrieben. Ein Symbol für diesen war der Hund, also kündigte der Aufgang des Sirius (Seth) die »Hundstage« an.

Die Sommerhitze wurde dem Siriusstern zugeschrieben

So zählten denn die Priester die Tage, die der Mond benötigte, um vom Sirius aus durch den ganzen Himmelskreis zu wandern und wieder zu ihm zurückzukehren. Entscheidend hierfür war die (gedachte) Linie zwischen Sirius und dem Nordstern, die auch »das Tor« genannt wurde. Da der Nordstern nie vom Himmel verschwand, wurde damit der Norden zu einem wichtigen Orientierungspunkt, was beim Bau beispielsweise der Cheops- beziehungsweise Djoser-Pyramide noch näher erläutert wird, zumal auch der Nil in Richtung Norden floß.

Aber der Nil brachte nicht nur das Wasser des Himmels, sondern mit seiner Schwemme auch fruchtbaren Schlamm, der nicht vom Himmel kam, denn auf ihn stieß man auch, wenn in der Erde gegraben wurde.

Der Nilschlamm war in mehrfacher Hinsicht wertvoll: Neben seiner Fruchtbarkeit rang er dem

Meer Land ab. Außerdem konnte er, zu Ziegeln getrocknet, zum Hüttenbau verwendet werden. Mit ihm wurden Dämme gegen die Überflutungen gebaut oder Kanäle angelegt, um das Wasser des Nils dauerhafter auf den Feldern zu verteilen.

Doch wo kam dieser Schlamm her, wer brachte diesen Segen? Natürlich eine Gottheit: Es war der Widdergott (Chnum), der bei der Insel Elephantine in der Nähe Assuans einmal im Jahr eine Höhle öffnete, aus der dann der Schlamm hervorschoß und gen Norden floß, um das Land zu befruchten. Doch davon später mehr.

So bestimmte der Nil das ganze Leben.

Die Toten, also diejenigen, die in eine andere Welt gegangen waren und die Fruchtbarkeit des Nils nicht mehr brauchten, wurden in den unfruchtbaren Wüsten westlich des Nils begraben. Jedoch gab man den Gestorbenen, die sich auf diese große Reise gemacht hatten, Nilbarken mit,

Die himmlische Götterbarke

damit sie (im übertragenen Sinn) gut zum anderen Ufer gelangen konnten.

Denn das Reisen war – dank dem Nil – stets mit **Die himmlische**
einer Fahrt auf dem Fluß verbunden. Und wäh- **und die irdische**
rend der Nilflut fuhr man mit Booten quer über **Barke**
die Felder. Kein Wunder also, daß sich auch die
Toten nach dem Vorbild des Himmels per Schiff
auf die Reise begeben mußten: Denn dort sah man
Nacht für Nacht eine Barke über den Himmel
segeln, die (in Ägypten *liegende*) Mondsichel, am
Abend Mesektet genannt und am Morgen Manezet. Mesektet geleitete die Sonne in die Nacht,
während Manezet sie aus der Dunkelheit in die
Helle fuhr.

Die Sonnenbarken der Gräber hatten daher alle
eine Mondsichelform.

Wie im Himmel, so auf Erden – das war für die
alten Ägypter weitaus mehr als ein astrologischer
Lehrsatz. Diese Überzeugung wurde gelebt, was
sich besonders in der Religion und den Todesriten
bemerkbar machen sollte.

Wie der Nil kam alles aus dem Himmel, wie
auch alles dorthin zurückkehrte.

In einem Pyramidengrabtext heißt es aus der
Zeit um 2600 vor Christus: »Es zittern, die den Nil
sehen, wenn er strömt. Die Felder lachen, und die
Ufer sind überflutet. Die Opfer des Gottes steigen
herab, das Gesicht der Menschen wird hell, und
das Herz der Götter jauchzt.«

Daher verließ auch niemand den Nil, aber aus
allen Richtungen der Erde reiste man zu diesem
göttlichen Fluß, weswegen ein uraltes Sprichwort
mit den Worten warnt: »Wer das Wasser des Nils
trinkt, vergißt sein Vaterland.«

Ägypten war damals – durch den Nil – die Welt
schlechthin. Von Assuan – dahinter begann das
schwarze Afrika – bis zum heutigen Kairo war es

eine schmale Linie, die sich dann über das Nildelta bis zum Mittelmeer öffnete. Die Zeichnung der fruchtbaren Nilgegenden ähnelt genau dem Ankh-Kreuz, dem Symbol des Lebens.

Das Leben in Ägypten wurde einzig und allein vom Nil beherrscht, der dem Land *drei* Jahreszeiten zu je vier Monaten schenkte: die Zeit des zurückweichenden Wassers und des Säens, die Zeit der Trockenheit und der Ernte, die Zeit der Flut.

Nach all dem scheint es kein Wunder zu sein, daß das Orakel – das in Ägypten stets eine große Rolle spielte – des Amon in seiner Oase Siwa tief in der Sahara verkündigte, daß Ägypten *jener* Teil des Landes sei, den der Nil überflutet und bewässert und die Ägypter *jene* Menschen, die unterhalb von Elephantine leben und das Wasser dieses Flusses trinken. Der Nilschlamm galt in den Mythen als der Stoff, aus dem auch Insekten, Vögel, Vieh und Menschen entstanden.

Der Nil beherrschte das Leben der Ägypter

»Woher ich komme, dahin gehe ich zurück.« Deswegen hat sich die Tradition erhalten, den Sterbenden einen Trank Nilwasser zu geben.

Alle Tempel der Pharaonenzeit standen am Nil, der allerdings mehrmals seinen Lauf änderte, so daß heute manches Heiligtum recht weit vom Nil entfernt scheint. Jedoch wurden die Heiligtümer wie die Wohnorte stets am Strom oder an einem seiner Nebenarme angelegt. Erst in der nachpharaonischen Zeit ging man davon ab.

Der Nil prägte die an seinen Ufern lebenden Menschen derart, daß alle Fremden, die einwanderten, sich fast vollständig mit denen vermischten, die am Nil heimisch waren. Die Einwanderer verloren ihre Identität, sie hinterließen kaum Spuren – außer einigen steinernen Denkmälern.

Rund neunhundert Kilometer fließt der Strom

von Assuan gen Norden, ehe er sich bei Alexandria im Mittelmeer verliert. (Insgesamt beträgt die Länge des Nils als längster Fluß der Erde 6714 Kilometer.) Die Fläche, die der Nil befruchtet, bedeckt nur vier Prozent des heutigen Ägypten, der Rest ist Wüste. Auch das unterstreicht die Wichtigkeit dieses Stroms und macht die immense Bedeutung der Mythen um den Nil und seine Gottheiten verständlich. Unter den großen Göttern war Osiris besonders eng mit dem Lebensstrom Ägyptens verbunden.

Die Mythen sprechen davon, daß Osiris einst ein König von Ägypten war, der von seinem Bruder Seth am Flußufer des Nils getötet wurde. In den Osiris-Sagen – wie auch bei den meisten anderen Gottheiten – geht es nicht mehr um die Schöpfung der Welt, sondern um das Leben auf der Erde selbst. Die Mythen um die sogenannten »Götter zum Anfassen« versinnbildlichen Erzählungen, die auf die Menschen übertragbar scheinen, die Götter wurden in gewissem Sinn und Maß vermenschlicht. Umgekehrt wurden infolgedessen die Pharaonen zu Göttern, deren Stellvertreter aus Sicht der gewöhnlichen Sterblichen sie ja ohnehin schon waren.

Die Mythen um Osiris

Als Osiris zur Macht kam, galt er schon als Vertreter der Sonne auf Erden, war also gottgleich oder zumindest gottähnlich. Er führte viele Reformen ein, wodurch er sich jedoch den Zorn und die Feindschaft seines schon erwähnten Bruders Seth zuzog. Dieser galt als der König der (roten) Wüste, später als Gott der Hitze (hier schimmert die Beziehung zum Siriusstern, auch Sitius genannt, durch, der mit der Dürre viel Unheil hervorrief). Man sah in Seth gleichzeitig den Beschützer der Sonne, die erst, nachdem er die Unterweltsschlan-

ge Apophis getötet hatte, aufsteigen und Leben
bringen konnte.

Seth wurde, sieht man einmal von dem Bruder-
zwist mit Osiris ab, durchaus nicht nur negativ
gesehen, weshalb sich auch viele Pharaonen –
beispielsweise Sethos I. – später nach ihm benannten. Er wurde meist mit einem Hundegesicht (der
Hundsstern) dargestellt, und sein Körper hatte
Ähnlichkeit mit einem – wenn auch wohlgenähr-
ten – Schakal. Er war der Behüter der Nilschwemme, fühlte sich dadurch als oberster König und
wollte sich diese Stellung von Osiris nicht streitig
machen lassen.

Mit 72 Männern (der Zahl der astronomischen
Präzession, da sich in 72 Jahren die Stern*bilder*,
nicht die Abschnitte des astrologischen Tierkreises, um ein Grad verschieben) überlistete Seth
seinen Bruder. Er hatte einen Sarg anfertigen lassen, der auf Osiris zugeschnitten war. Bei einem
Fest wurde dieser Sarg vorgestellt, und derjenige,
der genau in ihn hineinpassen würde, durfte ihn
behalten. Begräbniszeremonien hatten in Ägypten stets eine entscheidende Rolle gespielt, da das
Leben nach dem Tod wichtiger war als das irdische Dasein. Der Übertritt in die nächste Welt war
eine Querung von Ost nach West, wie der Nil es
lehrte. Osiris legte sich nun probeweise in den
seinen Körpermaßen angepaßten Sarg, der von
Seth und seinen 72 Gefolgsleuten verschlossen
und in den Nil geworfen wurde, in dessen Fluten
er abtrieb. Der Sarg wurde jedoch von Isis, der
wichtigsten Göttin Ägyptens, gefunden. Doch
noch ehe Isis den ermordeten Osiris wieder zum
Leben erwecken konnte, zerstückelte Seth die Leiche seines Bruders Osiris in vierzehn Teile.

Auch die Zahl Vierzehn enthält ein wichtiges
Symbol. Denn wenn der volle Mond leuchtend

Links:
Osiris und die ewig
wachenden Götter-
augen

am Himmel steht, bedarf es vierzehn Nächte, ehe er wieder völlig vom Himmel verschwindet. Oder anders: Der Mond wird in vierzehn Teile zerlegt. Hier ist die Bedeutung des Osiris als spätere Sonnen- *und* Mondgottheit vorweggenommen. Denn die Zerstückelung des Mondes hängt ja mit der Sonne zusammen, da der Mond – nähert er sich der Sonne – immer kleiner wird, ehe er ganz vom Sonnenlicht »verschluckt« oder »verbrannt« wird.

Die vierzehn Teile des Osiris wurden von Seth an verschiedenen Stellen der Welt – entlang des Nils – verborgen.

Aber wiederum war es Isis, die mit ihrer Schwester Nephthys die zerstreuten Teile des Osiris fand und zusammensetzte. Es gelang ihr, Osiris für einen Moment so viel Leben einzuhauchen, daß sie einen Sohn von ihm empfangen konnte. Er erhielt den Namen Horus.

Osiris kehrte als Herr in die Unterwelt, also die Nachtwelt, zurück, die er nun beherrschte. Aber nachdem sein Sohn – als Kind Harpokrates genannt – aufgewachsen war, wandte er sich noch einmal der Oberwelt zu, um Horus für den Kampf gegen Seth zu rüsten. So wurde Osiris zum Gott der Morgen- wie der Abendsonne und zugleich zum Gott des Mondes, da immer eine Mondsichel am Himmel steht, wenn die Sonne auf- oder untergeht: die *sterbende* Mondsichel mit der *aufgehenden* Sonne im Osten des Nils und die *auferstandene* Mondsichel mit der *untergehenden* Sonne im Westen.

Osiris – Gott des Mondes und der Sonne

Sonne und Mondsichel stehen miteinander in Verbindung. Geht das eine Gestirn auf, muß das andere sterben. Daraus erwuchs die Erkenntnis, daß Osiris, die oberste Gottheit, Herr über Leben und Sterben ist. Leben und Überfahrt in eine andere Welt sind jedoch die Stationen der Existenz, die Himmel und Erde verbinden.

Osiris war sichtbarer Beweis, daß kein Leben durch den Tod zu Ende geht; er war der erste auferstandene Gott. Seine Auferstehung verdankte er der großen Liebe von Isis.

Diese Vorstellung vom himmlischen Sterben und Auferstehen fand ihr irdisches Spiegelbild im Nil, denn auch der Strom starb (wenn er austrocknete), aber er wurde immer wieder neu geboren (sobald die Flut kam). Diese Anschauung des Himmels und der Erde wurde zum Wissen der Seele, damit zur Grundlage der Mythen und Legenden der Götterwelt, die tief in den Herzen der Ägypter lebten, ob sie nun Priester oder gewöhnliche Sterbliche waren. Und dieses Wissen wurde zur Weisheit, da es hieß: »So wahr Osiris lebte, so wahr lebst auch du. So wahr er nicht stirbt, so wahr wirst auch du nicht sterben. So wahr er nicht vernichtet wird, so wahr wirst auch du nicht vernichtet.«

Sterben und neu geboren werden – Wissen der Seele und Grundlage der Mythen

Osiris wird in bildlichen Darstellungen immer mit den Herrschaftsattributen Krummstab, hervorgegangen aus dem Hirtenstab, und Wedel, abgewandelt aus der Geißel, gezeigt. Der Gott also, der seine Herde lenkt, führt und diese auch strafen kann. So erscheint Osiris meist bei den Totengerichten, und zu allen Lebzeiten hofften die Menschen stets auf seine Gnade.

Zu Osiris gehen hieß also, in eine andere Welt, in die Welt der Sterne beziehungsweise des Himmels hinüberzuwechseln, denn nachdem Osiris seinen Sohn Horus für die Kämpfe gegen seinen Bruder Seth gerüstet hatte, kehrte er nie mehr auf die Erde zurück.

Wir werden jedoch Osiris noch mehrmals begegnen, auch Genaueres über Isis und Horus erfahren, deren Hauptwirkungsstätten vor allem am Nil liegen, die aber mit diesem nicht so eng verbunden sind wie Osiris, der hier mehrfach seinen Tod, aber auch seine Auferstehung gefunden hatte – was bald in Zusammenhang mit der Fruchtbarkeit längs des Nils gebracht wurde.

Während der Nilschwemme feierte man daher Feste zu Ehren des Osiris. Aus feuchtem Ton fertigten die Menschen kleine Osirisfiguren, denen Gerstensamen eingepflanzt wurden. Das spätere Keimen versinnbildlichte die Wiederbelebung des Landes. So waren Osiris und der Nil in einer Vorstellung über Fruchtbarkeit und Wiedergeburt verschmolzen wie Himmel und Erde. Eines gehört zum anderen. Oben wie unten.

Wer den Nil das erste Mal sieht, an oder auf ihm entlangfährt, spürt von selbst, daß dieser Fluß die Lebensader Ägyptens schlechthin ist.

Es ist ebenso verständlich, daß die alten Ägypter, die im Norden sehr wenig Regen kannten und von starken Regenfällen in anderen Gegenden hörten, meinten, der Strom sei eine Überschwemmung des Himmels.

Mit dem Nil bilden, zumindest wenn wir die pharaonische Zeit mit ihrem Urwissen und -denken erfassen wollen, der Himmel und damit Osiris sowie andere Gottheiten stets eine Einheit, der wir bei jedem Tempel am Nil begegnen werden. Von allen heiligen Stätten führte einst ein Schacht zum Urwasser, weil die Verbindung zu diesem nie aufgegeben werden durfte, genausowenig wie der ewige Blick zum Himmel. Das Hochwasser des Nils wurde als »Hapi« bezeichnet und vergöttlicht. Hapi war damit auch das Symbol für

*Von allen Ägyptern
angebetet: Isis*

Überfluß, und in den bildlichen Darstellungen (alles war einst in Bilder umgesetzt) wurde er als eine fette Gestalt dargestellt, die kein Gott war, sondern den Göttern Erzeugnisse des Überflusses darbrachte aus Dankbarkeit für den Segen, den der Nilstrom ständig spendete.

Geburt – Kampf – Sterben – Weiterleben

Die meisten Reisenden begegnen dem Nil zum erstenmal in Kairo, der jetzigen Hauptstadt Ägyptens, in der vom pharaonischen Erbe selbst – sieht man einmal vom Ägyptischen Museum ab – nicht viel zu spüren ist. Giza oder Gîzeh mit seinen drei bedeutenden Pyramiden gehört nicht zu Kairo.

Wer vom Flughafen kommt, bemerkt einige nachgestaltete große Statuen, und er begegnet dem Horusfalken als Symbol der ägyptischen Fluggesellschaft. Beim Hauptbahnhof steht, hilflos vom Verkehr umtost, Ramses II.; islamische Moscheen und auch koptische Kirchen prägen heute als Symbole der neueren Religionen das Straßenbild. Die modernen Ägypter scheinen mit dem pharaonischen Erbe auch nicht allzuviel anfangen zu können; die Pyramiden dienen als Ausflugsstätten, wo man sein »Picknick« einnimmt und sich vom Lärm und Smog der Hauptstadt etwas erholt.

Aber wir können auch beobachten, daß neue Kultstätten wie Tempel oder Moscheen immer an Plätzen errichtet werden, wo schon vor Jahrtausenden Heiligtümer oder Gedenkstätten standen: So ist ein Tempel auf den inzwischen vom Schlamm und Wüstensand zugedeckten Ruinen eines anderen Tempels gebaut. Verschwanden auch viele Heiligtümer im Laufe der Jahrtausende, die heiligen Orte behielten auch in Kairo ihre archetypischen Bedeutungen.

Kairo existierte zur Zeit der Pharaonen nicht. Nur Heliopolis, einst an der Stelle des Flughafens und eines angrenzenden Villenviertels gelegen, sowie Gîzeh und Memphis in der Nähe der Metropole spielten im alten Ägypten eine bedeutende Rolle.

Die sternkundigen Priester in Heliopolis In Heliopolis beschäftigten sich die Priester bereits vor Jahrtausenden mit einer systematischen und sorgfältigen Sternbeobachtung; ihr Hohepriester trug den Titel »Größter der Schauenden«. Im Jahr 2769 vor Christus entdeckten die Priester im Heiligtum On-Heliopolis das Gesetz des 365 1/4 Tage lang währenden Siriusjahres, das in etwa dem Sonnenjahr entspricht.

Die Priester beobachteten als erste den Frühaufgang der Sothis, wie Sirius auch genannt wurde, und berechneten anhand dieser Himmelserscheinung, daß die Nilflut um den 17. bis 19. Juli zum Nildelta gelangen würde (Heliopolis lag am Südostrand dieses Deltas).

Nach Beobachtung des Sirius (der Sothis) wußten sie ebenfalls, daß das bürgerliche Jahr von 365 Tagen jährlich um einen Vierteltag zurückbleibt, aber sie änderten den Kalender *nicht* durch die Einschiebung eines Schalttags alle vier Jahre, sondern nahmen in Kauf, daß der Kalender erst alle 1460 Jahre mit dem Sonnenlauf wieder genau übereinstimmte. Der Grund: Sie wollten nicht mit dem Venusjahr in Konflikt kommen, denn das Fest der Isis war immer nur nach einem Kalender von genau 365 Tagen zu feiern. Daher wurde viel später der Sothisstern mit der Isislegende verbunden.

Das religiöse Leben von Heliopolis wurde von zwei Kulten geprägt: Neben dem Weltherrscher Atum verehrte man noch den falkenköpfigen Sonnengott Rê. Der Name Heliopolis stammt aus dem Griechischen. Helios war der griechische Sonnengott, der in Ägypten Rê gerufen wurde. Seine Kultstätte war ein schlanker Pfeiler aus Rosengranit mit einer vergoldeten Spitze, die in Heliopolis die aufgehende Morgensonne weithin funkeln ließ. Die Griechen gaben diesem Pfeiler den Namen »obeliscos«, was soviel wie »Bratspießchen« bedeutete.

Mit Hilfe der Obelisken in ihrer Funktion als Sonnenheiligtümer vermochten die Priester auch die Tagesstunden zu zählen. Dazu diente der Schatten, den diese sich nach oben verjüngenden Pfeiler warfen. So war ein Obelisk praktisch bereits eine Sonnenuhr.

Heliopolis war die Metropole einer machtvollen Priesterschaft, so daß durchaus von einer theologischen Hauptstadt gesprochen werden konnte. Heute finden wir in Heliopolis nur noch den Obelisk von Sethos I. und die Stelle, wo Isis ihren Sohn Horus unter einem Baum genährt haben soll.

Vor den Toren von Heliopolis liegt Kairo, einst Khere-Ohe genannt, was soviel wie Kampfplatz bedeutet. Hier soll einer der vielen Kämpfe zwischen Horus und Seth stattgefunden haben: Der Ort hieß Per On Itapi, woraus die Griechen den Namen Babylon formten, und liegt gegenüber der heutigen Nilinsel Roda.

Horus war stets von einem Falken begleitet, mit dem das Kind zu seinem Vater Osiris fliegen konnte. Die Augen des Vogels galten auch als Symbole der Lichter Sonne und Mond. Daraus

Das Symbol des Udjah-Auges

entwickelte sich später das Udjat-Auge, ein helfendes Amulett, das viele Ägypter bei sich tragen. Es ist das Auge, das im Totenreich durch den Sarg schaut, symbolisiert jedoch auch das stets gegenwärtige Auge des Osiris und Horus, der übrigens König und Gott zugleich war.

In seiner Kindheit (als Harpokrates) mußte sich Horus stets vor seinem Onkel, dem roten Wüstengott Seth, verbergen, weswegen ihn Isis im Nildelta (dort, wo sich der Nil in sechs Arme teilt, etwas oberhalb von Heliopolis) versteckte. Hier bereitete sich Horus auf den Kampf mit Seth vor, dessen Ausgang für die Götter von größter Bedeutung war – entschied er doch letztlich über den Sieg des Guten oder des Bösen.

Die Kämpfe zwischen Horus und Seth (ein anderer soll bei Edfu stattgefunden haben) verliefen äußerst grausam: Seth riß dem Horus ein Auge aus, das später von Thoth wieder eingesetzt wurde, während Horus den Seth entmannte und schließlich Sieger blieb.

Das ausgerissene Auge des Horus versinnbildlicht die Tage, da der Mond vom Himmel verschwunden scheint, weil beim Zusammenstehen von Sonne und Mond, der Zeit des *Dunkelmondes*, der Mond nicht am Himmel zu sehen ist. (In unserem Sprachgebrauch ist dies die Phase des Neumondes.) Bevor man wußte, daß Abend- und Morgenstern ein Gestirn sind, wurde Venus-Morgenstern, der immer kurz vor dem Aufgang der Sonne erstrahlt, in Ägypten »Horus« genannt. Horus wurde nach seinem Sieg über Seth als Mittler zwischen den Gottheiten und den Menschen angesehen, und es hieß von ihm: ». . . Horus, der große Gott, der Herr des Himmels, der Sohn des Rê, der den Himmel erhebt, aus dem er hervorgegangen ist«. Horus hatte vier Himmelskinder, die

*Der Horusfalke –
Mahner der Gottheiten*

Jedes Herz wird gewogen Himmelsrichtungen, und wurde besonders von Maat, der Göttin des Rechts, geliebt, die als Tochter des Rê galt und durch eine Straußenfeder am Kopf charakterisiert wurde: In ihrem Namen wurde beim Totengericht jedes Herz gegen das Gewicht einer Feder aufgewogen. Das Herz durfte nicht schwerer als durch dieses Gewicht belastet sein, wollte der Gestorbene in das Reich des Osiris gelangen.

Der Sieger Horus wurde schließlich durch die Priesterschaft von Heliopolis mit dem Sonnengott Rê zu Rê-Horus, Gott des Horizonts (auch Rê-Harachte genannt), vereinigt. Auch diese Bezeichnung weist auf Horus als Morgenstern hin, denn dieser ist nur am östlichen Horizont zu sehen, dort, wo nach dem Erscheinen des Morgensterns die Sonne aufsteigt.

Die Priester von Heliopolis gingen – was die Auslegung des göttlichen Schöpfungsprozesses betrifft – andere Wege, als wir sie im Kapitel »Die Schöpfung« geschildert haben. Wir können sagen, es handelt sich um eine moderne Fassung der Schöpfungsgeschichte, die sich aber im Kern nicht wesentlich geändert hat. Auch wenn sich mit dem Zeitgeist Mythen und Legenden veränderten, so blieben sie sich doch im archetypischen Gehalt stets treu.

Die Theologie von Heliopolis lehrte, daß sich der Urgott Atum aus dem Urozean »Nun«, dem Chaos, selbst geschaffen habe. Daß auch hier der Nil die entscheidende Rolle spielt, zeigt die Darstellung dieses Gottes, der mal als Skarabäus, mal als Schlange abgebildet wurde. Atum war nun eine Zwittergottheit, aus der das erste Götterpaar Schu, der Luftraum, und Tefnut, die Feuchtigkeit, hervorging. Schu in Menschengestalt zeugte mit Tefnut in Löwengestalt Geb, den Erdgott, und

Nut, die Himmelskönigin, der wir noch sehr oft
begegnen werden. Nut gebar Osiris und Isis, Seth
und Nephthys. Diese neun Götter stellen als
Neunheit die Grundlage der Theologie dar, wie
sie in Heliopolis gelehrt wurde – hiermit abwei-
chend von der älteren Lehre aus dem Ort Hermopolis, die auf acht Urgöttern basiert. Da die älteren
Tempel im Gegensatz zu den neueren nicht mehr
stehen, werden wir auf unserer Reise zu den Urgöttern öfter den Gottheiten von Heliopolis begegnen und noch verschiedenen anderen theologischen Gebilden, die jedoch nur Varianten
oder Ableitungen beider Systeme sind. Es ist auch
zum allgemeinen Verständnis nicht notwendig,
sich alle ägyptischen Gottheiten einzuprägen – es
sind zu viele, und zahlreiche sind ortsabhängig
oder der Wandelbarkeit der Namen unterworfen.
Oft vereinigten sich Gottheiten oder die drei
Hauptkomponenten einer Gottheit wie Gestalt,
Funktion und Name in einem Tempel.

Kairo dehnte sich aus, aber die Aura der alten **Wie der Name**
heiligen Stätte schien noch im Jahre 969 n. Chr. **Kairo entstand**
spürbar zu sein, als der Grundstein zur neuen
Hauptstadt gelegt wurde: In diesem Moment soll
der Planet Mars den Meridian (den Längengrad)
der neuen Stadt überquert haben. Von dieser Bewegung am Himmel soll sich der Name Kairo
abgeleitet haben, denn Mars heißt auf arabisch
El-Kahir, der Siegende. Hier bleibt der Kern sich
treu, denn Mars ist der Planet des Kampfes, so daß
auch von der Astrologie her ein Bezug zu den
Auseinandersetzungen innerhalb der Götter- beziehungsweise der Königsfamilien hergestellt ist.
    Unter Ibn Tulûn, dem Begründer der gleichna-
migen Dynastie, wuchs die Stadt weit gen Norden, und so wurde das Viertel Al-Katai ge-

gründet, dessen Zentrum heute noch die Tulûn-Moschee darstellt. Gerade der Platz der Tulûn-Moschee führt uns jedoch tief in die biblische Geschichte zurück.

Hierzu schlagen wir die Bibel auf, und zwar das Buch »EXODUS – Israel in Ägypten«. Joseph, einst von seinen Brüdern nach Ägypten verkauft, war der erste, der an den Nil kam. Später folgten ihm seine Brüder mit Jakob, dem Stammvater. Insgesamt waren es siebzig Menschen. Die Söhne

Der Rastplatz der Heiligen Familie auf der Flucht

Israels waren fruchtbar, und sie vermehrten sich sehr schnell, so daß die Ägypter befürchten mußten, daß die Israeliten ihnen eines Tages gefährlich werden könnten.

In der Folge wurden die Israeliten unter Druck gesetzt und zur Fronarbeit gezwungen, sie mußten für die Pharaonen die Städte Pithon und Ramses bauen, aber der Stamm Jakobs wuchs weiter. Schließlich wurden die Hebammen angewiesen, die Söhne dieses Volkes bei der Geburt sterben zu lassen. Als dies nichts nutzte, erließ der Pharao den Befehl, alle Knaben, die den Hebräern geboren wurden, in den Nil zu werfen. Denn der Pharao war von Schriftkundigen gewarnt worden: »Es wird um jene Zeit aus hebräischem Blut ein Knabe geboren werden, der, wenn erwachsen, die Herrschaft der Ägypter vernichten, die Israeliten dagegen mächtig machen wird.« Von nun an sollten alle Familien mit dem Tode bestraft werden, die das Gebot der Knabentötung nicht befolgten.

»Jedoch ging ein Mann aus einer levitischen Familie hin und nahm eine Frau aus dem gleichen Stamm, die einen Sohn gebar. Diesen Sohn verbargen die Eltern drei Monate lang, dann nahm die Mutter ein Binsenkästchen, dichtete es mit Pech und Teer ab, legte den Knaben hinein und setzte ihn am Nilufer im Schilf aus.

Moses wird am Ufer des Nils gefunden

Als nun die Tochter des Pharao zum Nil ging, um zu baden, sah sie im Schilf dieses Kästchen und forderte ihre Magd auf, es ihr zu holen. ›Das ist ein Hebräerkind‹, sagte sie. Die Schwester des Knaben aber hatte das gesehen. ›Soll ich dir eine hebräische Amme suchen, damit sie das Kind stillt?‹ fragte sie die Tochter des Pharao, die dem zustimmte. Da rief die Schwester die Mutter des Mose herbei, die das Kind zu sich nahm. Als es größer war, brachte sie es zu der Tochter des

Pharao. Sie nahm es als Sohn an, nannte ihn Mose und sagte: ›Ich habe ihn aus dem Wasser gezogen.‹«

Diese Stelle im Alt-Kairoer Stadtteil Qasr el-Cham wird noch heute den Reisenden gezeigt; sie liegt in der Gegend, in der Horus mit Seth kämpfte. Damals hieß die Siedlung Khere-Ohe, der Ort des Kampfes, und lag einst direkt am Nil. Heute hat sich der Verlauf des Strombetts gegen früher doch wesentlich verändert.

Da, wo der Legende nach Moses im Papyrusdickicht gefunden wurde, errichtete man die Synagoge Ben Ezra, die heute noch zu besichtigen ist. Im Text des Synagogenführers lesen wir, daß Moses hier zum letztenmal gebetet habe, bevor er Ägypten verließ, um sein Volk ins Heilige Land zurückzuführen:

Die Heilige Familie in Ägypten »Es war um 1392 vor Christi Geburt und unter der Regierung des Pharao Menoptah (19. Dynastie), als der Prophet Moses in Giza zu beten und Gott zu dienen pflegte. Um das Jahr 600 vor Christus, als Juden unter dem Propheten Jeremias nach Ägypten heimkehrten, sollen sie zufällig die Spuren von Moses wiedergefunden haben. Dort bauten sie eine Synagoge und für die unvollendete Thora einen besonderen Platz, ›Geniza‹ oder ›das Versteck‹ genannt.« Im Westen der Synagoge erhebt sich die Abn-Serga-Kirche, in deren Krypta, die schon in vorchristlicher Zeit bestand, die Heilige Familie auf der Flucht nach Ägypten drei Monate Unterschlupf gefunden haben soll.

Doch zurück zur Ibn-Tulûn-Moschee: Das Brunnenhaus inmitten des Hofs dieser Moschee wird nicht von einem Kugeldach bekrönt, sondern dieses Dach ist wie ein Ei gestaltet. Das Ei, damit auch die Eiform, hatte immer eine besondere Bedeu-

Die Ibn-Tulûn-Moschee auf dem Widderhügel

tung; denn die Menschen hatten schnell erfahren, daß aus einem Ei Leben schlüpfen kann. Übrigens auch ein archetypischer Grund dafür, daß die Urnen eiförmig sind: Sie verheißen neues Leben.

Die Ibn-Tulûn-Moschee ist auf einem Hügel erbaut worden, der heute als Widder-Hügel bezeichnet wird. Hier wollte Abraham nach der biblischen Legende seinen Sohn Isaak opfern: Gott nämlich hatte von ihm verlangt, seinen einzigen Sohn Isaak auf einem Berg zu opfern. Abraham machte sich gehorsam auf den Weg und spaltete das Holz, auf dem Isaak verbrennen sollte. Am dritten Tag lud er seinem Sohn das Holz auf, nahm das Messer und einen Feuerbrand in die Hand und stieg mit dem ahnungslosen Isaak auf den Berg hinauf. Dort baute er einen Altar, schichtete das Holz und band seinen Sohn darauf fest. Als er jedoch das Messer zückte, hörte er die Stimme eines Engels: »Lege deine Hand nicht an

Abraham und Isaak

den Knaben!« Das erstaunte Abraham, der nun seine Augen erhob. Und er sah hinter sich einen Widder, der sich mit den Hörnern in einer Hecke verfangen hatte. Diesen Widder nahm Abraham und opferte ihn an seines Sohnes Statt.

Der Widder in der Dornenhecke

Abraham nannte jenen Ort Jahwe-Jire: »Der Herr sieht.« Und man sagt noch heute: Auf dem Berg läßt sich der Herr sehen.

Ein wichtiger Moment in der Menschheitsgeschichte, denn hier wurde das Menschen- durch das »Lammopfer« abgelöst. Nach der Bibel geschah dies etwa im 17. Jahrhundert vor Christus. Kulturgeschichtlich begann der Widderkult den Stierkult abzulösen.

In Ägypten und seiner heutigen Hauptstadt finden wir somit Spuren der Anfänge – von den Pharaonen über die Hebräer zum Christentum, bis hin zum Islam. Spuren also von »Osiris, Kreuz und Halbmond«, wie eine Wanderausstellung betitelt wurde.

Hier sei auch die christliche, koptische Kirche (koptisch heißt einfach ägyptisch) genannt, die die Geschichte Kairos des 4. und 5. Jahrhunderts nach Christus wesentlich mitprägte, wie das Koptische Museum in Kairo beweist: In einem orientalischen Gebäude kann man Hinweise auf die Bibel finden, wobei besonders der Sündenfall von Adam und Eva – verführt durch die Schlange – in einer eigenwilligen Darstellung auf das Buch Genesis des Alten Testaments verweist. Dieses Viertel, Alt-Kairo, ist heute vom Grundwasser bedroht. Die Krypten der Kirchen sind aus diesem Grund zum Teil nicht mehr zu besichtigen – so auch diejenige, in der die Heilige Familie Zuflucht gefunden haben soll.

Heute noch bestimmt also der Nil das Leben und die Entwicklung des Landes. In der kopti-

schen Marienkirche (El-Moallaka), auch »hängen-
de Kirche« genannt, finden wir das dreistufige
Auferstehungskreuz, das die Zahl Drei besonders
betont, der wir in den pharaonischen Tempeln
noch oft begegnen werden.

Aber damit zurück zu den pharaonischen Spuren, auf die wir in Kairo eigentlich nur noch im
Ägyptischen Museum stoßen. Zwei Göttinnen
sind hier besonders bemerkenswert: die Skorpiongöttin Selket aus dem Grab des Tut-ench-
Amun und die Göttin Hathor, von der wir hier
eine Kapelle finden.

**Die Skorpion-
göttin Selket**

Zunächst zu Selket.

Als das unversehrte Grab des Tut-ench-Amun
im Tal der Könige geöffnet wurde, fand man den
jungen König als guterhaltene Mumie in einem
prächtigen Schrein liegend, umgeben von vier
Schutzgöttinnen, die die sterbliche Hülle bewa-
chen sollten: Isis mit ihrem Zeichen des Throns,
ihre Schwester Nephthys mit einem Hausgrund-
riß als Merkzeichen, Neith mit zwei Pfeilen sowie
Selket (griechisch Selkis) mit einem Skorpion auf
dem Haupt.

Die Religion der alten Ägypter war erheblich
intensiver auf das Jenseits als auf das Diesseits
ausgerichtet. Das irdische Dasein interessierte sie
verhältnismäßig wenig im Vergleich zu dem, was
nach der Überquerung des Flusses gen Westen
mit ihnen geschehen würde.

So errichteten die Ägypter auch kaum prächtige Bauten, die großen Bestand haben sollten, für
ihre irdischen Bedürfnisse. Vielmehr legten sie –
immer voran die Pharaonen – Wert auf das ewige
Haus, wie sie ihr Grab nannten. Es herrschte die
Überzeugung vor, daß mit dem Ende des irdischen Lebens im wahrsten Sinn des Wortes *nichts*
zu Ende ging, daß im Gegenteil nun erst alles

seinen wahren Anfang nähme. Dies war mehr als
nur ein Trost für das schwere Dasein, die Mühsal
und Entbehrungen, dies war Wissen um ein bes-
seres jenseitiges Leben, wie es der Himmel fort-
während lehrte: Das Schauen nach oben lehrte,
daß das Hauptlicht, die Sonne, immer wieder in
die Dunkelheit wandern mußte, um danach am
Morgen leuchtend und frisch aufzuerstehen.

Die priesterlichen Himmelsbeobachter der
Ägypter und diejenigen, deren Wohlergehen mit
dem Gedeihen der Landwirtschaft verknüpft
war, wußten, daß sich der Licht- und Wärme-
spender im Laufe des hellen Tagesteils wandelt.

Morgens hatte die Sonne noch kaum Kraft;
mittags stand sie am höchsten und schien das
Leben auf der Erde zu verbrennen; während sie
abends wieder schwächer wurde. Dieser Wandel
wurde mit dem Leben des Menschen verglichen.

Das berühmte griechische Rätsel der Sphinx
hat hier seinen Ursprung, zumal ja diese Fabelwe-
sen in Ägypten beheimatet waren. Die griechische
Sphinx fragte: »Was ist das – am Morgen auf vier,
mittags auf zwei und abends auf drei Beinen?«
Die Antwort lautet: »Morgens das Kind krab-
belnd am Boden, mittags der Mensch auf seiner
Lebenshöhe, und derselbe abends als Greis an
einem Stock gehend.« In Ägypten war dieses Rätsel noch kosmischer Natur. Es betraf die Sonne,
die morgens wie ein Käfer kriecht, mittags stark
wirkt und abends »alt« untergeht. So hieß es: Die
Sonne steigt als Chepre (Käfer) auf, am Tag ist sie
Rê und am Abend Atum, der als Gottheit am
Stock gehend dargestellt wird. Der Mensch, der
zur Sonne aufsteigen wollte, setzte sich dieser also
gleich.

Der Ursprung des griechischen Rätsels der Sphinx

*Links:
Selket, die Göttin
der Schwelle*

Noch klarer aber konnte sich der Mensch mit dem Mond identifizieren, der als unscheinbare Sichel geboren wird, anwächst, bis er die Größe der Sonne hat, dann aber abnimmt und, wieder wie zum Kind geworden, stirbt, jedoch – und das war das Entscheidende – am dritten Tag wiederaufersteht! Dies war *das* Hoffnungssymbol.

Daher glaubten die Ägypter an die Wiederverkörperung. Aber nicht in dem Sinn, daß ihr Körper leibhaftig wiederaufersteht. Ganz am Anfang der menschlichen Geschichte mochte diese Vorstellung bestanden haben. Aber die Menschen, die solche Kulturen hinterließen, waren einfach zu klug, um nicht zu sehen, daß aus den Mumien kein neues Leben erwuchs. Mit dem Wort Wiederverkörperung war etwas ganz anderes gemeint. Nämlich, daß sich die Seele des Menschen wieder verkörpert. »Das Westland ist ein Land des Schlafs und der Finsternis: . . . sie schlafen in ihrer Mumiengestalt, sie erwachen nimmermehr« (aus einer Grabinschrift Mitte des 3. Jahrtausends). Die Ägypter wußten, daß der Mensch eine Seele hat, daß es Seelenleben gibt – und nicht nur ein einziges.

Die drei Seelen der ägyptischen Religion:

Insgesamt glaubten die Priester an *drei* Seelen: die Ka-Seele, die Ba-Seele und die Ach-Seele.

Die Ka-Seele

Die Ka-Seele oder einfach »der Ka« versinnbildlicht die Seele, die die Lebenskraft trägt. Ka ist außerdem die schöpferische Gottheit im Menschen. *Zum Ka gehen* bedeutet sterben und weiterleben, wenn die Prüfung durch das Totengericht bestanden wurde. Ka wird als heiliges Bild (Hieroglyphe) mit zwei Unterarmen symbolisiert, die zum Himmel flehen.

Der Ka selbst jedoch sieht so aus wie der Verstorbene; wir finden diese Figur später auch in

vielen Gräbern – oft vor einer Scheintür, vor der
Nahrung zum Weiterleben abgestellt wurde. Man
konnte nur einmal zum Ka gehen, da dieser höch-
stens die Kraft für zwei Leben besitzt. Solange
also der Ka kräftig in einem lebt, existiert der
Mensch, und er wird demzufolge auch nach einer
Erkrankung wieder gesund. Starb der Mensch,
bestand die Hoffnung, daß der Ka nach dem Totengericht wieder in den Körper zurückkehrt;
deswegen wurden die toten Körper mumifiziert.
Da nun in diesem Sinn kein alter Körper wieder-
auferstand, könnte man ketzerisch sagen, daß niemand das Totengericht bestanden hat. Alle
Selbstverteidigungen waren nutzlos, der Mensch
hatte wohl noch nicht die richtigen Maßstäbe für
sein Leben erreicht. Auch die Pharaonen nicht.

Die zweite Seele war der Ba, meist als Vogel **Die Ba-Seele**
dargestellt. Ba trennt sich nach dem Tod vom
Körper und steigt in den Himmel auf. Hier wartet
er dann ab, ehe er sich in einem neuen Leib wiederverkörpert, um sich weiterzuentwickeln. Diese Überzeugung lebt noch heute – besonders in
der asiatischen Karma-Lehre –, ist aber auch auf
den anderen Kontinenten verbreitet. Ba kann
nach dem Verlassen des Körpers nach eigenem
Gutdünken handeln; nur Osiris verfügt über die
Kraft, Ba zu lenken.

Die dritte Seele ist Ach, die wenig mit den **Die Ach-Seele**
einzelnen Menschen zu tun hat, mehr mit der
göttlichen Kraft überhaupt, die die Menschen be-
fähigt, besondere schöpferische Werke zu entwik-
keln. Ach ist keine Bindung zwischen Menschen
und Göttern (nicht so real wie Horus), sondern
eher ein Zusammenhang von guten oder auch
bösen Dämonen, um Menschen Prüfungen aufzu-
erlegen oder sie zu beflügeln.

Die Göttin Selket – mehrfach als Todesgöttin

bezeichnet – begleitet nun die Seelen in den Übergang. Ihre schlanken, langen Arme mit den überlangen Fingern scheinen die Seelen aller umfangen zu wollen. In ihrem Körper (er ist gestaltet wie der einer gerade schwanger gewordenen Frau) regt sich – auch bildlich – neues Leben. Die Schenkel sind kräftig, die Lippen voll und die Augen nicht frontal ausgerichtet, sondern weisen in eine andere Welt. Der Skorpion auf ihrem Haupt richtet seinen Stachel bedrohlich auf. Ihre Kleidung läßt den Körper fast völlig durchscheinen. Ihre Augen sind offen und klar. Sie trägt ein Königskopftuch, Chat genannt, wodurch ihre bedeutungsvolle Stellung unterstrichen wird.

Selket – Sterben und Neugeburt   Der Skorpion wurde immer mit dem Tod in Verbindung gebracht, so auch in der Astrologie, da sowohl das achte Zeichen wie das achte Haus stets mit dem Symbol Skorpion die Todesnähe, das Dunkle, symbolisierten. Daß Sterben und Neugeburt in der Figur der Göttin zusammenhängen, belegt auch die Tatsache, daß Selket einst als Wasserskorpion erschien. Das Wasser ist das Symbol des Borns, des Geborenwerdens schlechthin, was auch heute noch für unsere Traumdeutung gilt.

Selket geleitet also die Seelen der Gestorbenen über die Schwelle, was als königlicher Schritt angesehen wurde. Früher nämlich waren nur die Pharaonen auserwählt, zu Osiris und damit zu neuem Leben zu gelangen. Später konnte jeder Ägypter zu Osiris gehen, der ja in erster Linie als Mondgott angesprochen wird. Der Mond gilt bis heute als Symbol für das Unbewußte, für die Seele (so ganz besonders in der sechstausend Jahre alten Astrologie), und da der Mond immer wiederaufersteht, lehrt der Himmel, daß dies auch für die Seele gilt, und zwar für jede Seele.

Nur mit dieser hoffnungsvollen Gewißheit war die Mühsal der Existenz damals zu ertragen, die sonst kaum als lebenswert gelten konnte. Noch dazu war das Leben ungleich kurzfristiger als heute!

Die zweite Göttin, der wir (unter vielen) im Ägyptischen Museum begegnen, symbolisiert mehr die Liebe und die Fruchtbarkeit.

Hathor – Göttin der Liebe und der Fruchtbarkeit

Es handelt sich um Hathor, die Liebesgöttin, die bei den Griechen Aphrodite und bei den Römern Venus hieß.

Um so erstaunter ist der Betrachter, schaut er sich die Kapelle der Hathor an: Die Göttin ist als Kuh symbolisiert. Diese Form der Darstellung kommt zwar nicht immer vor, das Gesicht Hathors trägt aber häufig kuh- oder kalbsähnliche Züge. Die Beziehung zu diesem Muttertier ist dennoch überall, selbst in ihrem Haupttempel Dendera, unverkennbar. Hathor »regierte« erstmals ungefähr im dritten Jahrtausend vor Christus, und mancher Pharao bezeichnete sich als ihr Sohn oder Liebling. Ihr Name bedeutet genau »Haus des Horus«, wodurch eine Vermischung mit der Göttin Isis unverkennbar ist, die ja auch als Gattin, Mutter und Ehefrau zugleich verehrt wurde.

Hathor vereinigt sich auch oft mit der schon erwähnten Maat, die stets eine Straußenfeder auf dem Kopf trägt. Zudem gilt sie als Tochter des Sonnengottes Rê, womit der himmlische Bezug klargelegt ist: Wir sind der Wechselbeziehung zwischen Mondsichel und Sonne schon mehrfach begegnet. Versinkt die Sonne im Westen, ist dort im Westen an ihrer Stelle die auferstandene Mondsichel zu sehen. Geht die Sonne im Osten auf, sieht man dort den Mond als sterbende

Mondsichel. Die Sonne wandelt also zwischen den Mondsicheln hindurch.

Da die Menschen nun sehr bildhaft dachten, konnte es ihnen nicht entgehen, daß Kuh wie Stier (auf letzteren kommen wir noch zurück) Hörner tragen, die den Mondsichelformen gleichen. So wurden diese Tiere als Mondgestalten heilig, wie sie es noch heute in Indien sind.

Damals sah man also Kühe und Stiere am Himmel, auch hatte man entdeckt, daß die Kuh dank ihrer Milch das junge Vieh ernährte, wie auch Mütter mit ihrer Milch Kinder aufzogen. Es war dann nur noch ein kleiner Schritt weiter, den Lebensstrom des Himmels, den himmlischen Nil, als Milchstraße zu titulieren, zumal ja die große Kuh am Himmel weilte. Aber bei den Mondsicheln steht noch etwas, was allem die Krone aufsetzte: der Morgen- und der Abendstern. Damals wußten die Sternkundigen noch nicht, daß beide Himmelskörper nur ein einziger waren: unsere heutige Venus.

Morgen- und Abendstern

Morgen- und Abendstern hatten in den ägyptischen Mythen vielerlei Bedeutungen. Zahlreiche Göttinnen wurden ihnen in symbolischer Beziehung zugeordnet.

Allgemein galten diese Sterne (besonders der Abendstern) jeweils als Gottesweib. Die Venus war aber immer als Abendstern auch das Licht der Liebe, weil bei ihr die Mondsichel neu geboren wurde, während sie als Morgenstern eher den Tod brachte, da der Mond hier am blutroten Himmel – im aufziehenden Morgenrot – starb.

Beide Venuserscheinungen wurden als Augen des Himmels bezeichnet oder als Augen des Rê, des Sonnengottes, der dadurch auch in der Nacht sehen konnte. Diese Lichter wurden zu Symbolen für Göttinnen, zum Beispiel Hathor, die neben Isis

*Die wundersame Ka-
pelle der kuhgesichti-
gen Göttin Hathor im
Museum von Kairo*

zu einer der volkstümlichsten Göttinnen Ägyptens avancierte.

Hathor (Venus) wurde auch als Herrscherin der Sterne bezeichnet, und in der Tat leuchtet kein Himmelslicht so hell wie dieser Planet, der in Wahrheit ja gar kein Stern ist.

Aber unser naturwissenschaftliches Denken gab es damals noch nicht, das Bild, die Bilder des Himmels waren entscheidend, um Antworten auf viele Fragen zu geben und so das Leben der Erde zu verdeutlichen.

Museum Kairo: Die Kapelle der Hathor

In der Kapelle der Hathor, ausgestellt im Ägyptischen Museum in Kairo, begegnet uns die Göttin als Kuh, die von Papyrusstauden umgeben ist. Somit wird auch ihre Beziehung zum Nil oder zu den Urwässern ausgedrückt.

Ihre Entdeckung und Ausgrabung verdankt diese Kapelle einem Zufall: Sie war von Gesteinsschutt zugedeckt, in Deir el-Bahri, zwischen dem berühmten Hatschepsut- und dem Tempel des Mentuhotep. Ein Vorarbeiter wollte andere Arbeiter vor einer Schuttlawine warnen, als diese sich auch schon löste. Nachdem der Staub der Lawine verflogen war, schaute die heilige Hathor-Kuh aus dem Eingang zu einer Höhle heraus. Zwischen ihren Hörnern trug die Kuh die Sonnenscheibe, und das Haupt war mit der Uräus-Schlange geschmückt, einem Zeichen für Götter oder Pharaonen. So wußten die Ausgräber sofort, welch bedeutender Fund sich ihren Augen urplötzlich offenbarte. Die Sonnenscheibe war außerdem noch mit hohen Federn verziert.

Die Kuh kommt also aus der Nekropole des Westgebirges gegenüber von Luxor, und die Kapelle war wohl einst errichtet worden, um Fruchtbarkeit zu erbitten. Das Heiligtum selbst war sehr bunt ausgemalt, und bald wußte man auch, von

wem es gestiftet worden war. Es war der Pharao
Thutmosis III.

Doch geht es hier nicht um die Geschichte,
sondern um das faszinierende Phänomen, daß
eine himmlische Kuh angebetet, ja angefleht wurde. Die Kuh beschützt den an ihre Brust gelehnten
Herrscher und nährt ihn, seitlich als Malerei sichtbar, als Säugling.

Dieses Bild belegt überzeugend, wie die himmlischen Erscheinungen und Vorstellungen, die
sich die Menschen damals von Sternenkonstella-
tionen machten, mit dem verschmolzen, was auf
der Erde geschah. Die Erde gehörte zum Kosmos;
Himmel und Erde waren untrennbar miteinander
verbunden; die Menschen fühlten sich in den Kosmos integriert und hatten so über den Glauben
ihre Mitte gefunden.

**Himmel und
Erde waren
untrennbar ver-
bunden**

Hathor war im Gegensatz zu Selket zuständig für
das Leben auf der Erde: als Göttin der Liebe, des
Tanzes, der Freude. Sie war die Glänzende, die
Leuchtende, zwei Namen, die unzweifelhaft vom
Schein des nach Sonne und Mond hellsten Ge-
stirns am Himmel, der Venus, abgeleitet wurden.
Auch sie steigt wie Osiris zur Unterwelt hinab,
weil die Venus der Sonne im Westen folgt, aber
sie verschwindet – wie alles am Himmel – nie für
ewig. Diese Göttin mit Kuhohren und lyraförmi-
gen Hörnern um eine Sonnenscheibe gab dem
dritten altägyptischen Monat ihren Namen. So
gegensätzlich Selket und Hathor erscheinen, sie
ergänzen sich schlußendlich, weil sie Hoffnung
und Freude versinnbildlichen und bei allem einen
mütterlichen Schutz verheißen. So gab es einen
wahren Hathorkult, der sich äußerlich in großen
Festen, Umzügen und Feiern zeigte. Gerade in
den unfruchtbaren Gegenden wandte man sich

der stehenden Kuh am Himmel zu, um Fruchtbarkeit zu erflehen, damit die Freude auch da einkehre, wo sonst eher Not und Armut vorherrschten. Drei Städte Ägyptens hießen nach dieser Göttin auch Aphroditopolis, was die Beziehung zur griechischen Aphrodite belegt.

Dem Himmel entgegen

Als Goethe 1787 in Rom weilte, sah er mit Erstaunen Zeichnungen einer ägyptischen Pyramide. Sein Urteil lautete voller Begeisterung, daß diese Pyramide die ungeheuerlichste Architekturidee verkörpere, die er zeitlebens gesehen habe. Diese Idee je zu übertreffen, hielt der Geheimrat Goethe für unmöglich. Sein Freund, der berühmte Mediziner Karl Gustav Carus, meinte einige Jahre später, daß die Pyramiden auf eine uralte, vergessene Wissenschaft hinweisen, auf eine Wissenschaft aus Urzeiten, die verlorengegangen sei.

Die bisher als die älteste bekannte Pyramide des Pharao Djoser (Zoser) liegt auf der Felsenebene von Sakkara (abgeleitet vom Nekropolengott Sokar), südlich von Gîzeh bei der alten, jedoch längst versunkenen Hauptstadt Memphis (als Festung 3000 Jahre vor Christus gegründet), wo es heute außer einer recht lieblichen Alabaster-Sphinx kaum mehr etwas zu besichtigen gibt. Die Pyramide ist etwa 4600 Jahre alt und soll das älteste aus Steinen errichtete Großbauwerk der Erde sein.

Die Dimensionen dieser Anlage sind in der Tat gewaltig, eine heilige Stätte enormen Ausmaßes. Allein die Pyramide, ohne die vielen Gräber, die sie umgeben, erstreckt sich längenmäßig 550 Me-

Die Stufenpyramide des Djoser

ter in Nord-Süd-Richtung und ost-westlich 280 Meter in die Breite. Das ganze Gelände war einst von einer zehn Meter hohen Steinmauer umschlossen. Aber das »größte Freiluftmuseum« Ägyptens wurde leider auch als Steinbruch benutzt und damit weitgehend zerstört.

Das für König Djoser erbaute Grab, heute Stufenpyramide genannt, ist aus Sicht von Kennern noch keine echte oder klassische Pyramide. Es handelt sich um eine vergrößerte *Mastaba* mit einem rechteckigen Grundriß. Korrekt müßten wir also von einer Stufenmastaba sprechen, die für Djoser errichtet wurde.

Mastaba heißt Bank, und bankförmig wurden einst auch die Gräber angelegt, rechteckig und meist mit schrägen Wänden. Die Djoser-Stufenmastaba wurde von Imhotep, der zugleich Baumeister und politischer Führer war, geplant und gebaut. Uns interessiert weniger die geniale Bauweise – etwa die Schräglagen der Steine dieses über sechzig Meter in die Höhe strebenden Bauwerks (davon berichtet jeder Führer, auch Reiseführer) –, sondern mehr die Tatsache, daß Imhotep später sogar als Gott verehrt wurde. Sicher, weil er durch seine Bauweise ermöglichte, zu den Sternen aufzusteigen – und zwar Stufe um Stufe. Wir haben es folglich mit einer Himmelstreppe zu tun, zumindest im symbolischen Sinn.

Die symbolische Himmelstreppe

Es ist oft davon gesprochen worden – und dies wird auch heute meist mit einem ironischen, manchmal sogar verächtlichen Unterton bestätigt –, daß die alten Ägypter und ihre Pharaonen Opfer ihres Größenwahns waren, weil sie sich solche Monumentalbauten leisteten. Jedoch die eigene Größe spielte, von wenigen Ausnahmen einmal abgesehen, dabei kaum eine Rolle, sondern es war das Bestreben, vom Himmel gesehen

zu werden, damit die Götter also erkannten, wie
sie verehrt würden.

Die Ägypter wußten, daß von der Spitze eines
Berges aus betrachtet alles klein aussieht. Folglich
bauten sie groß, weit und hoch, um Zeichen zu
setzen. Auch sollten die Gottheiten »angelockt«
werden, auf die Erde zu kommen, um direkt mit
den Menschen Kontakt aufzunehmen.

Sehr gut läßt sich dies an den Scheinhäusern
erkennen, in denen die Götter hätten leben, wohnen und wirken können, wenn es in ihrem Sinn
gewesen wäre. Scheinhäuser sind Symbole, nur
äußerlich hergerichtet, innen bestehen sie aus ge-
schlossenen Steinblöcken.

Man nennt die Stufenmastaba oder Pyramide
des Djoser das erste, aus Hausteinen errichtete
Monumentalbauwerk überhaupt, denn die
Ägypter hatten bis dahin nur mit Schlammzie-
geln und Holz gebaut. Heute ist nur noch die
Pyramide gut erkennbar, vom Totentempel im

*Diese Scheinhäuser
sollten den Göttern
ein Heim geben*

Der Ka des Djoser

Norden ist weniger zu sehen. Übriggeblieben, weil wiederaufgebaut, ist die Serdâbkammer. In dieser sitzt der lebensgroße Ka des Djoser (das Original befindet sich im Ägyptischen Museum) und schaut nach den Sternen. Der tote Blick (die einst eingelegten Augen fehlen) geht nach Norden. Zum erstenmal erkennen wir hier deutlich die Nordausrichtung der alten Ägypter. Und die Augen schauen in einem Winkel von 78 Grad, so daß der Blick genau den Nordstern erfaßt. Dies bedeutet, daß die Ägypter bereits vor über 4600 Jahren diesen Stern, der nie am Himmel untergeht, als Meßpunkt entdeckt und danach ihre Orientierung, die davor gen Süden gerichtet war, neu ausgerichtet hatten. Die Sonne erreicht im Süden ihren höchsten Tagespunkt, der jedoch je nach Jahreszeit variiert, während im Norden, dort, wo die Sonne nie scheint, ein Stern zu erkennen ist, der seine Lage so gut wie nie ändert. Die Sonne wurde auch weiterhin angebetet, nie dagegen der Nordstern; aber als Orientierungspunkt galt die Mitte der Dunkelheit, der Norden, da, wo die Sonne am tiefsten steht und unsichtbar ist.

Diese Neuorientierung fügte sich ideal in die Jenseitsvorstellungen der Ägypter ein, denn nun konnte man sich besser ein Bild vom unsichtbaren Lauf der Sonne durch die Nacht machen, durch die sie am unendlichen Himmelsmeer hindurchfährt oder hindurchgeschoben wird (eine andere Vorstellung, von der wir noch sprechen werden).

Wie bei den meisten Pyramiden liegt auch bei der des Djoser das Grab unter der Erde, gemäß einer alten Tradition, die im Grunde nur beim Bau der Cheops-Pyramide durchbrochen wurde.

Rechts:
Die Statue der
Ka-Seele im Grab
eines Edlen

Die Grabanlage erreicht bis zu 33 Meter Tiefe, sie weist ein labyrinthisches System von Schächten, Kammern, Scheintüren und tonnenschweren

Verschlußsteinen auf, welche die ewige Ruhe des Königs und elf seiner Familienmitglieder sichern sollten. Die Kammern dienten als Vorratslager, damit der König auch wirklich versorgt werden konnte. Die Tragik ist, daß so gut wie kein ägyptischer Pharao die ewige Ruhe gefunden hat, denn Grabräuber plünderten bis auf wenige Ausnahmen alle Gräber. Das Grab des Djoser muß bereits vor ungefähr viertausend Jahren ausgeraubt worden sein, also etwa sechshundert Jahre nach seinem Tod. Spätestens seither war wohl klar, daß kein gestorbener Körper aufersteht, und trotzdem wurde die Möglichkeit, daß jeder Tote noch einmal zurückkommen könnte, stets beachtet. Sicher war man sich allerdings, daß sich der Ba des Pharao wie der jedes Menschen wiederverkörpert.

So war große Angst vor dem »Überqueren zum anderen Ufer« unbekannt. Der Glaube, die Überzeugung, das Leben auf der Erde wäre nicht alles, was einem Menschen begegnet, ließ Ungeheuerliches ertragen.

»Ewige Häuser« Rund um die Djoser-Stufenmastaba, besonders nördlich von ihr, finden wir viele Gräber von Beamten, Wesiren (Ministern) oder anderen wichtigen Persönlichkeiten. An diesen Gräbern und ihrer grandiosen Innenausstattung wird sehr deutlich demonstriert, daß für die Ägypter das »ewige« Haus wichtiger war als die Häuser des irdischen Daseins. Der griechische Geschichtsschreiber Diodor schreibt darüber:

»Sie halten die Zeit des Lebens für sehr kurz, die Zeit nach dem Tod aber für sehr lang. Daher nennen sie die Wohnungen der Lebenden ›Herbergen‹, die Gräber der Verstorbenen ›ewige Häuser‹.«

Der Säuleneingang nach Sakkara

Für die Herbergen wurde keine besondere Mühe aufgewendet, aber die Gräber wurden wie Paläste gestaltet. Das kommt besonders in den zum Teil herrlichen und künstlerischen Wandmalereien zum Ausdruck. Die Mastaba des Wesirs Mereruka ist ein besonders großartiges Beispiel dafür. Auffallend die Darstellungen aus dem irdischen Leben im Haus und auf dem Feld, die Schilderungen der vier Jahreszeiten, wobei Mereruka auch immer mit seiner Frau erscheint. Selbst Darstellungen aus dem Schlafgemach fehlen nicht. In der Opferkammer steigt der Grabherr mit dem linken Fuß zuerst aus der Scheintür herab, um die Opfer zu prüfen, welche die Lebenden den Toten zu bringen haben und die auf den Wandmalereien genauestens abgebildet sind. Es handelt sich bei dieser Statue um den Ka des Verstorbenen, das heißt um die noch vorhandene Lebenskraft, die sich jederzeit nach außen verwirklichen könnte.

Lebendige Dar-
stellungen des
ägyptischen
Alltags

Warum nun all diese Darstellungen aus dem eigenen Leben? Diese Berichte vom Alltag, von Reisen oder von Siegeszügen kriegerischer Pharaonen?

Dafür gibt es mehrere Gründe.

Einmal wollten die Sterbenden ihre Erinnerungen mit hinübernehmen. Sie wußten, daß die Seele nichts vergißt, daß alles eines Tages abgerechnet wird, wenn jeder vor dem Totengericht erscheinen muß. Gerade das Totengericht spielt eine wichtige Rolle. Da die Toten selbst nicht sprechen konnten, drückten die Wandmalereien aus, was gesagt werden mußte. Ferner war es einfach »Wissensgut«, daß alles im Leben, also auch im späteren, auf Erfahrungen beruht, aus denen jeder zu lernen hatte. Erfahrungen, Erlebnisse zu vergessen, das bedeutete, das Gelernte zu vergessen, nicht mehr fortzusetzen, was angefangen worden war. Auch wollte sich jeder »drüben« am anderen Ufer wieder mit denen vereinen, die Freude ins Leben gebracht hatten, mit denen man sich gut verstanden hatte. Diese Menschen durften nicht vergessen werden. Ein Grund mehr für den inneren Zwang der Nachkommen, die auferlegten Opfer für die Verstorbenen auch wirklich zu erfüllen. Zwar war die Gewißheit vorhanden, daß man in diesem Leben den Verstorbenen nicht wieder begegnen würde, aber was war denn da drüben, wo jeder einmal ankommt? Was ist, wenn man sich bei Osiris wiedersieht, was, wenn sich bei den Urgöttern alle wiedertreffen? Die Zukunft baut auf der Vergangenheit auf, deswegen muß die Vergangenheit bewahrt werden. Nichts entgeht den Göttern, folglich ist es gut, alles offenzulegen, spätestens im Grab.

Dies alles wird besonders bei der Unas-Pyramide deutlich, die südlich der Djoser-Stufenmastaba zu finden ist. König Unas (5. Dynastie)
erbaute sich dieses Grabhaus zwischen 2355 bis
2325 vor Christus. Von außen sieht der Bau nicht
besonders imposant aus, man erkennt im Grunde
nur noch einen Steinhaufen. Dennoch war dieses
Grabmal einst 44 Meter hoch und füllte eine Fläche von 6700 Quadratmetern aus. Aber die Grabkammer ist noch zu besichtigen.

Von außen führt ein kleiner Gang recht steil in **Der Sternenhim-**
den felsigen Untergrund. Als erstes betritt der **mel in der Grab-**
Besucher einen Warteraum, dem sich ein fast ebe- **kammer der**
ner Korridor anschließt. Dieser Korridor konnte **Unas-Pyramide**
einst ohne Mühe durch Steine oder Geröll ver-
sperrt werden. Dann folgt ein Vorraum, der endlich zur Sargkammer führt. Links liegt der Serbât
(drei Nischen), und an der Decke ist ein sternen-
bedeckter Nachthimmel zu erschauen. Von der
Erde ging die Sehnsucht auch bildlich stets zum
Himmel. Jeder Stern ist fünfstrahlig: ein Symbol
für die Venus, denn die Priester des alten Ägypten
waren hervorragende Himmelsbeobachter. Sie
hatten den Himmel bereits in zwölf Abschnitte
gegliedert und konnten so sehen, daß die Venus
als Morgenstern immer nur in fünf der zwölf
Tierkreisabschnitte zum erstenmal des Morgens
im Osten sichtbar wurde.

An den Wänden erkennen wir unzählige Hieroglyphen, die Geschichte machten: Sie stellen die
ersten und ältesten bekannten Pyramidentexte
dar. Es handelt sich dabei um Ritualtexte, die
später auch als ägyptische Totenbücher veröffent-
licht wurden.

Diese Totentexte setzten den gestorbenen König einmal mit Rê, dem Sonnengott, sowie mit
Osiris, dem Gott der Unterwelt, dem Mondgott,

gleich. Sie wünschten Unas ein genußvolles Weiterleben. Man bezeichnet sie als die ältesten magischen Sprüche und Aussagen überhaupt, die uns überliefert worden sind. Neben Hinweisen, wie sich der Gestorbene im Jenseits zu verhalten hat, wenden sich die Texte auch an die Hinterbliebenen: als Anordnungen für die Opfer und Aufstellungen über die Gaben und Vorräte, die dem König auf seiner Fahrt gen Westen und nach Norden mitzugeben waren. Jedoch werden auch Anforderungen an den Toten selbst gestellt:

Die ältesten magischen Sprüche

»Erhebe Dich, König Unas. Nimm Dir Deinen Kopf, und sammle Dir Deine Knochen, raffe Deine Glieder zusammen, schüttele die Erde von Deinem Fleische. Nimm Dein Brot in Empfang, das nicht schimmelig werden kann, Dein Bier, das nicht sauer werden kann . . .«

So geht es fort, bis zu lesen ist:

»Erhebe Dich, König Unas! Du sollst nicht sterben! König Unas ist auf dem Weg zum *Himmel*, mit dem Winde, mit dem Winde.«

Diese Bestattungs- und Verklärungsrituale, die hier beschrieben werden, führen in eine Welt, in der die Überzeugung vorherrschte, nach dem Tod zu den Urgöttern zurückzukehren. Der Wohnpalast – die Grabkammer – des ewigen Hauses und der gestirnte Himmel als kosmische Heimat verschmelzen zu einer Einheit in der Jenseitswohnung. In dieser Pyramide ist am klarsten zu erkennen, wie die ursprüngliche Vorstellungswelt einst in den Menschen lebte, hier begegnen wir den Wurzeln unseres kollektiven seelischen Erfahrungsguts.

Der Pyramidenkomplex des Unas besteht, wie fast alle Pyramiden, aus vier baulichen Hauptteilen: dem Taltempel, dem Aufweg, dem Totentempel bei der Pyramide und der Pyramide selbst.

Diese vier Hauptteile werden auch die vier Elemente genannt, und in gewissem Sinn haben sie
auch mit den vier Grundelementen zu tun, wie sie
Aristoteles sehr viel später aufstellte.

Der Taltempel (Element Wasser) steht meist
unten am Nil, hat Verbindung mit dem Urwasser
und ist noch an den Rand des Ackerlandes gebaut, also da, wo die Erde noch nicht Wüste ist,
wo sie noch Wasser empfängt. Der Taltempel ist
der Ausgangspunkt der Bestattungszeremonie.

Der Aufweg (Element Erde) führt dann vom
Tal herauf und stellt die Prozessionsstraße dar.
Der Aufweg der Unas-Pyramide war von Mauern
umgeben, die mit je zwei Reliefstreifen geschmückt waren; das bedeutete vier Kilometer
Reliefs! Auf den Mauern lagen riesige Deckblök-
ke, die in der Mitte nur einen kleinen Spalt offen-
ließen, durch den etwas Licht den Aufweg
erhellte und die Reliefs erkennen ließ: Darstellungen aller Art, von Opferprozessionen, Hungers-
nöten, dem Transport der Granitsäulen aus
Assuan und andere Szenen.

Dieser Aufweg führte zum Totentempel (Element Feuer), wo der Opferkult stattfand, bevor
der Verstorbene unterhalb der Pyramide (Element Luft) seine Ruhe fand.

In einem weiteren Text in der Unas-Pyramide   **Inschriften von**
heißt es: »Der Himmel ist verhüllt, durcheinan-   **Bedeutung**
dergeschüttelt sind die Sterne, die Welt bebt, die
Knochen des Erdgottes zittern, wenn Unas, der
Stier des Himmels, erscheint, die beiden Kronen
auf dem Haupt, mit durchbohrendem Blick und
leuchtender Flamme.« Was kann hier gemeint
sein, wenn die Himmelfahrt des Pharao so geschildert wird?

Erstens: Der Pharao ist ein Gott, sonst würden
nicht Himmel und Erde derart reagieren. Aber

zweitens: Der Pharao personifiziert auch den Himmelsstier.

Wir erinnern uns, daß die Kuh der Hathor als heilig und himmlisch angesehen wurde. Dies trifft auch auf den Stier zu. Die Hörner des himmlischen Stiers – die Mondsicheln – sind immer wieder von der Erde aus zu sehen, und auch, wie die Sonne zwischen ihnen hindurchwandelt. In diesem Text werden die Hörner als die beiden Kronen bezeichnet, aber auch als die zwei Augen, die mit durchbohrendem Blick sehen.

Der Apisstier ist eine Gottheit, die im Himmel lebt und dort die Pharaonen und anderen Götter begleitet. Der Stier der Erde war den Ägyptern wertvoll und nützlich wie kein anderes Tier, denn durch seine Kraft, die den Pflug zog, konnte der Acker bearbeitet, konnten Transporte ausgeführt und andere schwere Arbeiten verrichtet werden.

Die Särge der heiligen Stiere Dem Stier wohnten Kräfte inne, über die der Mensch nicht verfügte, also war er göttlich. Wurde einem Pharao das Prädikat Stier verliehen, erhielt er dadurch göttlichen Status, ja, dann war er ein Gott. Wir sind am Anfang der Kulturgeschichte; kein Wunder, daß wir daher in Sakkara auch ein gewaltiges Stierheiligtum vorfinden.

Das Serapeum nordwestlich der Djoser-Stufenmastaba ist wohl der geheimnisvollste Teil dieser riesigen Totenstadt. Um 1400 vor Christus begannen die Herrscher, ihre heiligen Stiere, die, wie das Mondbild, auch Symbole der Fruchtbarkeit darstellten, in monumentalen Steinsärgen in unterirdischen Grabgewölben beizusetzen.

Ramses II. ließ dann ein Netz von breiten Straßen anlegen, das immer wieder erweitert wurde, so daß ein unterirdisches Labyrinth entstand. Neben den heiligen Stieren wurden auch Pavian-, Falken-, Ibis- sowie Widdermumien beigesetzt

und ferner, im »Iseum«, die heiligen Kühe. Der
Zugang zum Serapeum war einst durch eine mit
Hunderten von Sphingen umsäumte Prozessionsstraße zu erreichen, die am Nil ansetzte. In
der Grabstätte der Stiere sind heute noch die riesigen Grabkammern mit den Steinsärgen zu se-
hen, die über rutschigen Nilschlamm herein-   **Das Serapeum –**
geschafft wurden. Da die Menschen meinten, hier   **Pilgerort**
finge das Totenreich, die Unterwelt an, war das   **und Wunder-**
Serapeum ein Pilgerort, an dem Bitt- und Dank-   **heilstätte**
gebete gesprochen wurden. Es gab sogar eine
Wunderheilstätte.

Die heiligen Stiere wurden von den Priestern
sehr sorgfältig ausgewählt. Dies begann, sowie
der »herrschende Stier« gestorben war. Der zum
Nachfolger bestimmte junge Stier wurde den
Priestern für eine vierzig Tage dauernde Pflege
übergeben. In dieser Zeit durften die Frauen dem
Stier ihre Geschlechtsteile zeigen, was als uralter
Fruchtbarkeitszauber galt.

Nach ihrem Tod wurden die reichgeschmück-
ten Apisstiere in die Gruft gesenkt, sehr zur Freude der Grabräuber. Der Name Apisstier stammt
vom gleichnamigen Fruchtbarkeitsgott, einem
der ältesten Ägyptens, der bereits zur Zeit der 2.
Dynastie verehrt wurde. Apis galt als herrliche
Seele des Ptah, aber der Apisstier vermischte sich
auch mit Osiris und wurde so zum Osiris-Apis,
was seine große Verehrung erklärt. Zur Sonnenscheibe zwischen den Hörnern bekam dieser Stier
noch eine aufrechtstehende Kobra, die Uräus-
Schlange. Oft trägt er eine Decke auf dem Rücken
und wird mit einem Geier verziert.

Das Erbe des toten Apisstiers trat ein Kalb an,
das pechschwarz sein mußte und so den dunklen
Nachthimmel versinnbildlichte. Jedoch mußte
ein weißes Dreieck seine Stirn zieren und eine

weiße Mondsichel an Hals und Flanken vorhanden sein. Das Kalb wurde dann mit dem Muttertier im heiligen Ptah-Tempel von Memphis auf Diät gesetzt; es bekam nur Brunnenwasser, weil es lange leben sollte. Diese »reinen« Apisstiere waren selten und daher sehr kostbar. Der Stier symbolisierte wie der Nil die Fruchtbarkeit und wurde deshalb als Gottestier verehrt.

Ptah war der Stadtgott von Memphis, der Metropole am Ostufer des Nils, gegenüber von Sakkara gelegen. Aber er galt auch als Schöpfergott, zumindest in der memphitischen Schöpfungslehre: Ptah soll als Zimmermann oder Maurer die Welt aufgebaut haben, deswegen wurde er auch zum Schutzgott der Handwerker. Dargestellt wird er meist als Mensch mit enganliegender Lederkappe. Er hatte vornehmlich Bedeutung für Memphis, wo sein Hauptheiligtum stand, sowie für Abydos, wo ihm ebenfalls ein Tempel errichtet worden war.

Gîzeh – die größten Pyramiden der Welt

Die größten Pyramiden der Welt stehen bei Gîzeh, südwestlich von Kairo: die Cheops-, die Chephrên und die Mykerinos-Pyramide. An der Chephrên-Pyramide ist die Aufgliederung Taltempel – Aufweg – Totentempel – Pyramide noch am besten zu erkennen.

Der Taltempel steht neben dem mächtigen Sphinx mit seinem Löwenleib und dem Menschengesicht.* Diesem Sphinx fehlen die Adlerflügel, wie sie für die Sphingen in Griechenland charakteristisch sind. In Griechenland symbolisieren die Sphingen ja die festen Zeichen der Astrologie, also Stier (Füße oder Leib), Löwe (Leib oder Klauen), Skorpion (Adlerflügel) und Wassermann (Menschengesicht). Dies entspricht auch den vier Evangelisten, wie wir sie an den Kanzeln

*ägyptischer Sphinx: maskulin; griechische Sphinx: feminin

vieler Kirchen finden: Lukas der Stier, Markus der
Löwe, Johannes der Adler und Matthäus der En-
gel.

*Die größte und
geheimnisvollste
Pyramide der Welt*

Der große Sphinx von Gîzeh, als liegender Löwe mit Königskopf, ist wohl der mächtigste und
abschreckendste Wächter der Grabtempel. Auch
scheint es richtig zu sein, daß er einst das Gesicht
des Pharao Chephrên trug, zumal er genau neben
dessen Taltempel die Aufzugsprozession bewacht. Später, nachdem sich die Urreligionen ver-
mengt hatten, wurde dieser Sphinx auch als

Sonnengott Horus am Horizont (Rê-Harachte) verehrt.

Grundsätzlich jedoch hatten die Sphingen besondere Schutzfunktionen zu übernehmen, etwa die Eingänge der Heiligtümer zu überwachen, was in Karnak und Luxor besonders deutlich werden wird. Eine der Hauptaufgaben im Taltempel, in dem Ritualhandlungen vollzogen wurden, bestand in der Öffnung des Mundes des Verstorbenen, damit er wieder atmen, essen und wenn nötig sprechen konnte, wozu verschiedene Geräte verwendet wurden. Die Symbolhandlung der heiligen Mundöffnung erfolgte oft durch Isis oder andere Gottheiten und ist in vielen Gräbern zu sehen.

Die Mundöffnung (auch die Augenöffnung) war ein ganz besonderes Ritual, das von Priestern vorgenommen wurde, nachdem die Leiche mumifiziert war; es mußte vor der letzten Prozession erfolgen. (Die schönsten Abbildungen hierzu finden sich im Grab des Sennefer auf der Westseite Thebens.)

Cheops- und Chephrên-Pyramide

Die Cheops- und die Chephrên-Pyramide sind fast gleich groß, doch gilt die Cheops-Pyramide als etwas ganz Besonderes. Eine nicht mehr überschaubare Literatur beschäftigt sich mit diesem Monumentalbauwerk, das der Pharao Cheops erbauen ließ. Unzählige Menschen haben an dem steinernen Koloß, der mit Recht als eins der sieben Weltwunder galt, gearbeitet. Der Name Pharao bedeutet übrigens »Großes Haus«. Sicher, weil er als omnipotenter Patriarch, als gigantischer Übervater, dem sich niemand widersetzen konnte, nicht nur in einem großen Haus lebte, sondern für ein ebensolches (im höheren Sinn) seines Volkes sorgen mußte. Als Vater wurde er zum Gott auf Erden, der jedoch den innigsten Wunsch hegte, zu

seiner eigenen Gottheit im Himmel aufzusteigen.
Dies konnte er jedoch nur mit dem Segen der
himmlischen Gottheit, also mußte er ihr im symbolischen Sinn entgegenkommen, aber auch von
ihr bemerkt werden.

Über die Maße und über vieles andere der
Cheops-Pyramide ist viel gerätselt worden. Die
Ausrichtung geht haargenau nach Norden! Allein
dies läßt Bewunderung aufkommen, und man ist
sich noch heute nicht im klaren, ob es sich bei
dieser Pyramide um ein Orakel, eine Einwei-
hungsstätte, ein Observatorium oder wirklich nur
um ein »ewiges, fest gemauertes Haus« handelt,
in dem sich der König zur himmlischen Fahrt
rüstete. Nur eins ist sicher: Pyramiden drückten
den Wunsch ihrer Schöpfer nach Ewigkeit aus.

Und dieser Wunsch beseelte jeden Menschen **Herzskarabäen**
am Nil. Selbst der Ärmste hoffte, eines Tages **als Amulette**
wenigstens mit einem Amulett im Wüstensand
verscharrt zu werden, damit er das andere Ufer
erreiche. Deswegen fanden die Ausgräber auch so
viele kleine Herzskarabäen aus Sand- oder Kalk-
stein, denn der Glaube besagte ja, daß der schwarze Mistkäfer die Sonne durch die Nacht schiebe.
Auch hier finden wir wieder das Sinnbild, daß ein
Lebewesen, das die Farbe der Nacht besitzt und
für alle sichtbar eine Mistkugel vor sich her-
schiebt, aus der neues Leben geboren wird, die
Sonne am besten durch die Dunkelheit bringen
kann. Für die alten Ägypter waren alle, auch die
kleinsten Lebewesen, im All eingebettet. Und die
Sonne lebte auch im Unscheinbarsten.

Mit dem Bau der Cheops-Pyramide wurde kurz
nach der Errichtung der Djoser-Stufenmastaba
begonnen. Sie sollte zur Krönung der Grabmäler
aller Zeiten werden, was bis heute seine Gültig-

keit hat. Aber dieser gewaltige Bau stellt noch in einer ganz anderen Beziehung eine Ausnahme dar: Zuvor und danach wurden alle Grabkammern *unter* der Erdoberfläche oder ganz tief unten in der Pyramide angelegt, allein bei der Cheops-Pyramide wich man davon ab. Königs- und sogenannte »Königinkammer« liegen hoch oben, mitten in der Pyramide.

Auch darüber ist viel spekuliert und gerätselt worden. So wurde behauptet, daß die Pyramide ein Strahlenfeld vermittelt, welches etwa Lebensmittel länger und frischer aufbewahren kann als jedes andere Lager. Das scheint durch Experimente sogar bestätigt worden zu sein. Später sah man in der Pyramide einen Weltkalender. Andere Forscher fanden heraus, daß sie einen sorgfältig gewählten geodätischen Punkt darstellt, eine ein für allemal festgelegte Markierung, von der aus die Geographie der Alten Welt aufgebaut wurde. Außerdem wurde die Meinung vertreten, daß die Cheops-Pyramide ein universales System von Maßen und Gewichten enthält, das als Modell für das bisher vernünftigste Verfahren von Zeit- und Längenmessung gelten kann. Andere Pyramidenexperten waren wiederum der Ansicht, dieser Bau enthalte Voraussagen für den Verlauf der Geschichte unserer Erde, und hier läge der Hort eines alten Urwissens, das bis heute noch nicht vollständig entschlüsselt werden konnte.

Die Pyramide – ein Weltwunder?

Feststehen dürfte, daß die Lage der Grabkammer so gewählt wurde, daß der mumifizierte Leichnam länger vor dem Verfall bewahrt blieb. Wann nämlich, wenn überhaupt, eine Wiederkörperung im alten Leib möglich sei, ist nie angegeben worden. Es fehlt im alten und neuen Ägypten jede Zeitangabe dafür. Die Pharaonen rechneten sicher mit einer Unendlichkeit, sonst hätten sie

sich nicht Häuser für die Ewigkeit erbauen lassen.
Auch wurde weder eine Scheintür noch eine Ka-
Statue gefunden, als wäre der alte Glaube schon
nicht mehr existent gewesen. Hier kann sich zwischen der Zeit des Djoser und der des Cheops
bereits ein großer Wandel vollzogen haben.

Viele Spekulationen sind auch mit der nach oben
riesigen Galerie verbunden, die sicher eine Fort-
setzung des Aufwegs war. Wahrscheinlich wurden hier die letzten ehrenvollen Zeremonien für
den toten Pharao vorgenommen. Ein weiteres Ge-   **Das Geheimnis**
heimnis birgt die »Königinkammer«. Daß sie je   **der Königin-**
einen Sarg enthielt, ist zweifelhaft. Vielleicht wur-   **kammer**
de sie als Vorratskammer angelegt. Weit unter
dem Felsboden, auf dem die Pyramide erbaut
worden war, fand man einen Raum, über den
ebenfalls viel gerätselt wurde. Hier handelt es sich
wohl um die ursprünglich geplante Grabkammer, von der man später offensichtlich abgekom-
men ist, denn die Königskammer liegt genau im
Zentrum der Pyramide, wenn auch nicht exakt in
der Pyramidenachse. Andere Hohlräume über
der Königskammer dienten als Schutz vor den
nach unten drückenden, hundert Meter mächtigen Steinmassen. Die Gänge und die benutzten
Kammern mußten ja abgesichert werden.
   Erstaunlich ist die fugenlose Anbringung der
Granitplatten in der großen Halle (Galerie), was
auf eine präzise Baukunst schließen läßt. Auch
finden sich neunzig Zentimeter über dem Boden
der Grabkammer zwei Luftschächte, die weniger
für frische Luft sorgen sollten, wie sie es heute
tun, sondern als Flugschächte für die Ba-Seele
dienten.
   So muß noch einmal betont werden, daß der
Sinn dieses Baus eindeutig im Sakralen liegt. Der

gottmenschliche König sollte durch sein Pracht-
werk leichter ins Jenseits gelangen, und die Götter
sollten wissen, wie sehr der König sie verehrte.
Die Pyramide ist keine monumentale Protzerei,
sondern ein – aus heutiger Sicht – Grab- und
Gotteshaus.

1945 wurden ägyptische Archäologen an der Süd-
front auf zwei Reihen mächtiger Kalksteine aufmerksam. Diese verdeckten eine aus dem Fels
geschlagene Mulde, in der ein vollkommen intak-
tes Schiff in Mondsichelform aus Zedernholz lag.

**Das Totenschiff
für einen könig-
lichen Passagier**

Es handelte sich um ein Totenschiff, das herrlich
ausgestattet war, also für einen König gebaut sein
mußte. Dieses Schiff ist heute in einem Museum
an der Südwand der Cheops-Pyramide anzu-
schauen. Ein Fahrzeug für einen königlichen Passagier, vielleicht eine besondere Barke, mit der
Reisen oder Ausflüge ins Jenseits gemacht wurden. Ein anderes Schiff dieser Art ruht noch vor
der Pyramide in einem Steingrab.

Diese Totenschiffe belegen die Grundlagen der
ägyptischen Jenseitsreligion. Die Überzeugung
nämlich, nach dem Tod wie die Sonne auf einer
Mondsichel in die Nacht zu fahren, um dann mit
derselben Barke nach Überwindung der Dunkelheit wieder ans Tageslicht zurückzukehren.

Man sollte diese Barke unbedingt besichtigen!
Die altägyptischen Techniker hatten sie kunstvoll
in etwa sechshundert Teile zerlegt. Ein Kuriosum:
Nach Fertigstellung der Grube war das Schiff offenbar doch zu lang geraten. Also wurde der Bug
abgetrennt und neben dem Rumpf verwahrt.
Auch ein Beweis, daß es sich mehr um ein Symbol
handelte als um eine Realitätsbezogenheit. Es war
eine Botschaft an die Götter, daß deren Zeichen
am Himmel verstanden wurden. Und dies allein

war wohl der Schlüssel zum Reich des Jenseits.
Nur wer handelt, wie der Himmel es anzeigt, ist
berechtigt, in den Himmel zu gelangen: Eine Par-
allele zur Grundüberzeugung der Astrologie, die
besagt, daß die Signale des Himmels ausgeführt
werden müssen, denn »Unten wie Oben« lautet
das ewige, unverrückbare Gesetz. So wie der Nil
aus dem Himmel kommt, ins Ungewisse nach
Norden fließt, um sich bei der Mündung ins Meer
in die Unendlichkeit aufzugeben und damit den
Weg zurück zum Himmel zu finden. Dieser Weg
beginnt mit der Sonnenbarke, der Mondsichel,
welche die Sonne in die Nacht führt.

Eine Betrachtung des Himmels verdeutlicht
dies: Wenn man in der Dämmerung abends gen
Westen schaut, erblickt man die neue Mondsichel, die auf dem Himmelsmeer »schwimmt«,
wobei der dunkle Restteil des Mondes dann wie
eine verdunkelte Sonne auf der Mondsichel lie-   *Die Sonnenbarke*
gend zu sehen ist. Dieser Anblick ist unvergeßlich   *diente den Pharao-*
und prägt sich unauslöschlich in die Seelen ein.   *nen zur Fahrt ins*
                                                     Jenseits

Geschieht dies Jahrtausende hindurch, dann weiß die Seele, daß darin die große Hoffnung liegt, denn was der Himmel zeigt, stellt ewige Wahrheit dar.

Es kann aber auch sein, daß die Seele zum Himmel fliegt, weswegen Ba stets als Vogel dargestellt wurde, denn Vögel konnten im Gegensatz zu den Menschen so hoch in den Himmel fliegen, bis sie den Blicken der Menschen entschwunden waren.

Um sicherzugehen, bereitet sich jeder auf alle Möglichkeiten vor, ins Jenseits zu gelangen. Per Schiff, als Vogel oder im Vertrauen auf einen Skarabäus. Sicher ist nur, daß der Himmel allen offensteht, denn dort geht nichts verloren: kein Stern, kein Licht, kein Bild.

Sehnsucht nach Geborgenheit und Liebe

Die Landschaft der Pyramiden erstreckt sich bis rund hundert Kilometer südlich von Kairo, wo die Pyramide von Medum einen großartigen Abschluß bildet. Sie ist im gleichen Neigungswinkel erbaut wie die Cheops-Pyramide, nur wesentlich älter.

Hier beginnt das Land, das Ägypten einst seinen Namen gab: Die Einheimischen haben ihre Heimat nie Ägypten genannt, sondern Kemet. Und Kemet heißt: das Schwarze, das Land der dunklen Flußschlammerde. Im Fayûm kann man die Fruchtbarkeit dieser schwarzen Erde am deutlichsten sehen. Kemet ist auch ein Begriff, der sogar in der Alchimie gebraucht wurde, als Herkunft des Goldes. Bei Hauwâra steht noch eine Pyramide, einst auf einer Basis von 100 mal 100 Metern, 58 Meter hoch gebaut, aber bedeutender ist das südlich davon gelegene Labyrinth, von dem die alten Dichter und Reiseschreiber wie Herodot, Diodor, Strabo und Plinius schwärmten. Herodot war sogar der Meinung, daß das Labyrinth die Pyramiden an Großzügigkeit übertreffen würde. Damals war von den dreitausend über- und unterirdischen Kammern mehr zu erkennen als heute, und es mag sein, daß tatsächlich kein Fremder ohne Führer wieder aus den Sälen herausfand. Die Tempelgrundfläche betrug 300 mal 240 Meter, aber es war vor allem die Schönheit des Baus, die begeisterte. Das Labyrinth soll übrigens als Vorbild für den Palast von Knossos auf Kreta gedient haben.

Südlich des Fayûm beginnt Mittelägypten. Hier liegen die Gräber von Beni Hasan, wo viele Gaufürsten ihre letzte Ruhe fanden und auf die Ewigkeit hofften. Ihre Gräber waren teilweise schon tief in das Wüstengebirge gebaut. Noch etwas weiter südlich folgt dann Hermopolis Magna, die Stadt des Zeitgottes Thoth.

Wie schon erwähnt, wird dieser Gott meist mit einem Ibiskopf dargestellt, oft jedoch auch mit dem Kopf eines Pavians. Vergleichen wir ihn mit den klassischen Göttern Griechenlands, so entspricht er einer Mischung aus Saturn und Hermes, daher auch der Name Hermopolis. Thoth war der Gott der Zeit, Kronos also. Er war auch der Beherrscher der Zahlen, der Magie, der Schreibkunst und damit auch der Finanzen. Einer Legende nach wurde die Schrift in Ägypten erfunden, weil sich die Priester, die für die Steuern zuständig waren, ein Notizsystem erdenken mußten, um festzuhalten, wer schon gezahlt hatte und wer nicht. Aber Thoth war auch derjenige, der beim Totengericht genau notierte, zu welchen Sünden sich die Gestorbenen bekannten und zu welchen nicht. Er war auch Mondgott, zudem der Erste des Himmels, da er nachts die Stelle des Sonnengottes einnahm.

Der Ort, wo acht Urgötter aus dem Chaos die Welt erschufen

Hermopolis Magna bedeutet die »Große Stadt des Hermes«. Das Wort Magna stand für Stärke und Macht. Hier war der Ort, da nach den Mythen die acht Urgötter – im Kapitel »Die Schöpfung« beschrieben – aus dem Chaos die Welt erschufen, so daß der Sonnengott Rê aus einer Lotosblüte

entsteigen konnte oder dem Ei des Falkenweib-
chens entschlüpfte. Wir sind somit an einem archetypischen Ort, von dem allerdings nicht mehr
viel zu sehen ist.

Einst umschloß ein stattlicher Thoth-Tempel
mit einer Grundfläche von 405 mal 570 Metern
den »Urhügel«, der sich als erster aus den Wassern erhoben haben soll. Einige markante Stra-
ßenzüge der Stadt und der beeindruckende
Prozessionsweg sind noch erhalten. Ein bedeutender Fund waren mehrere hockende Paviane
aus Granit. Heute wird Hermopolis Magna von
den wiederaufgerichteten Säulen der Marienbasi-
lika (aus dem 5. Jahrhundert nach Christus) überragt. Hier handelt es sich um das erste Bauwerk,
das im rein griechischen Stil errichtet war.

Die Toten von Hermopolis Magna wurden in
der Nekropole Tuna el-Gebel beigesetzt. Hier ist
der Grabbau des Petosiris sehenswert. Hundert
Meter weiter liegt der Eingang zu einem unterirdischen Labyrinth mit Nischen und Särgen für die
heiligen Tiere des Thoth, also für Paviane und
Ibisse. Der Besucher schaut auf eine Ibiskapelle
und auf einen Affengott, sieht die Werkstatt eines
Balsamierers für die toten Tiere. Diese Anlage
erinnert sehr an die Katakomben, in denen sehr
viel später Christen auf ihre Auferstehung warteten.

**Thoths heilige
Tiere**

Es ist ein wahrlich archaischer Ort, da wiederum deutlich wird, wie sehr die Menschen einst all
die Kreaturen bewunderten, ja verehrten, die zu
etwas fähig waren, was sie selbst nicht ausführen
konnten. Woher wußte der Ibis (ägyptisch hibi),
daß der Nil steigt, daß der fruchtbare Schlamm
nach Norden gelangt? Auch galt für altägyptische
Lehrer der Pavian oft als gelehriger als der
Mensch. Das ist der Grund, warum die Paviane

oft mit sehr nachdenklichem Gesicht, wenn auch
mit erigiertem Phallus (ein Symbol der Fruchtbarkeit) dargestellt wurden. Weil Affen nach alter
Überzeugung einst durch ihr schrilles Morgenge-
schrei der Sonne zum Sieg über das Dunkle verhalfen, wird dieses Kreischen als heilig angesehen, denn die Sonne kämpft ja heute noch, um
aus dem Dunkel aufzusteigen. Alte Erfahrungen
werden durch moderne naturwissenschaftliche
Erkenntnisse nicht überflüssig.

Die Stadt jedoch, die allein der Sonne gewidmet
war, hießt Achet-Aton, was »Horizont des Aton«
bedeutet. Ihre Ruinen befinden sich beim Dörf-
chen Amarna. Achet-Aton war die Stadt des »Ket-
zer«-Königs Echnaton. Ursprünglich hieß dieser
Pharao Amenophis IV., was übersetzt lautet:

Echnaton heißt: »Amun ist zufrieden.« Dagegen heißt Echnaton:
»Es gefällt dem »Es gefällt dem Aton.« Dazu wurde stets der Satz
Aton« gesprochen: »Der von der Wahrheit lebt.«

Echnaton muß in seinem Leben eine große innere Wandlung durchgemacht haben. Denn ehe
er versuchte, den Monotheismus im Nilland ein-
zuführen, ließ er per Erlaß alle anderen Götter
verbieten und nur noch Aton als Symbol der Sonne, als einzige und oberste Gottheit, gelten.

Mit dieser neuen Staatsreligion verschwanden
die Symbole der Sonnenscheibe auf oder zwischen den Mondsicheln. Nun wurden die Strahlen der Sonne wichtig, denen die Menschen ihre
Nasen entgegenreckten, um den Atem der Sonne
aufzunehmen. Oft sieht man auch, wie das Ankh-
Kreuz an die Nase gehalten wird, wenn diese sich
der Sonne zuwendet. Ein Symbol dafür, daß das
Leben allein von unserem Zentralgestirn kommt.

Echnaton wurde noch als Amenophis IV. in
Hermontis bei Theben gekrönt. Danach aber ver-

änderte er das Leben in Ägypten. Die alten Religionen wurden abgeschafft, verboten. Die Verehrung der sichtbaren Sonne ersetzte die alten Glaubensgüter. Aton, die Sonne, wird als Scheibe dargestellt, wie man es heute noch auf alten Reliefs erblicken kann, und die Strahlen dieser Sonne enden in geöffneten Händen oder am Gesicht der Betenden. Der Tageshimmel wurde direkt angebetet. Das hatte schwere Folgen.

Uns kommt heute die Religionsauffassung des Pharao Echnaton sehr vertraut vor. Die Sonne als einzige und oberste Gottheit wurde von vielen Völkern verehrt, so auch von allen asiatischen Nachbarn Ägyptens. Daher ist es durchaus wahrscheinlich, daß Echnatons Mutter Teje, die als äußerst energische und machtbewußte Herrscherin galt, ihren Sohn in seiner religiösen Grundauffassung bestärkt hat.

Die neue Religion des Echnaton

Sicher wurde in Ägypten auch früher schon die Sonne angebetet, aber neben vielen anderen Sternengöttern oder Göttern des Sternenhimmels, zu denen wir auch den Mond rechnen. In Ägypten gab es immer eine starke Glaubenstoleranz, die mit der Regierung Echnatons für eine kurze Zeit unterbrochen wurde.

Die Annahme, daß die Götter nicht mehr an Orte gebunden seien, sondern daß der Gott der Ägypter auch der Gott aller Menschen überhaupt sei, war zu spekulativ, zu modern. Gott als der Weltenlenker schlechthin, der mehr lenkt als die Geschicke links und rechts vom Nil – das war das eigentlich Sensationelle an der Auffassung des Echnaton. Diese Religionsinterpretation kam um tausend Jahre zu früh. Jahwe war später so ein Gott wie Aton. Man durfte sich kein Menschenbild von ihm machen, und auch er duldete keinen anderen Gott neben sich.

Aus Echnatons Überzeugung, daß nur die Sonne der einzige Gott sei, spricht das tiefe Vertrauen, das er in diese Gottheit legte. Es war nicht mehr notwendig, sich gottähnlich zu idealisieren, daher konnten auch die Porträts der Menschen so gestaltet werden, wie die Menschen wirklich aussahen; also mit Bäuchen, leidend, mager, mit zu langen Hälsen – eben als Gottes Kreaturen.

So wurden Darstellungen verfemt, die falkenköpfige Menschen mit einer Sonne auf dem Kopf zeigten. Statt dessen wurde die Sonne fast naturalistisch gezeichnet, wie sich auch die Kunst in diesen Jahren änderte: Die Menschen wurden so gezeigt, wie sie wirklich aussahen, ohne jede idealisierende Überhöhung.

Echnaton ließ seine neue Hauptstadt Achet-Aton an einer Stelle errichten, an der vorher noch nie anderen Gottheiten gehuldigt worden war – was wie alles, was dieser Herrscher tat, auf den offenen und geheimen Widerstand der Priester Thebens stieß.

Daher wurden nach dem Tod des »Königs, der von der Wahrheit lebt« dessen Reformen alle rückgängig gemacht. Aton, der Herr der Sonne, wurde nun genauso verfemt, wie vorher in seinem Namen alle anderen Gottheiten ausgelöscht worden waren. Götter jedoch, die Jahrtausende in den Seelen der Menschen leben, sind nicht dadurch zu verbannen, daß man ihre Namen tilgt **Rückkehr der** oder ihre Tempel schließt. Die Macht kehrte nach **Macht nach** Theben zurück, und Achet-Aton verfiel. In den **Theben** Zwingern und Stallungen des Pharao fanden sich noch Tiere, die niemand mitnehmen durfte. Achet-Aton wurde als Stätte der Dämonen verflucht und als Steinbruch benutzt.

Für die Geschichte Ägyptens war diese Episode von weniger als zwei Jahrzehnten nur wie ein Augenaufschlag. Zwei Frauen verhalfen Echnaton zu einer nachträglichen historischen Aufwertung: seine Mutter Teje, in deren Adern auch asiatisches Blut geflossen sein soll, und seine schöne Gemahlin Nofretete, deren Büste bis heute als der schönste Fund aus der Amarnazeit gilt.

In der Bibel finden wir im Alten Testament viele Berichte über und aus Ägypten. Joseph brachte es am Hof eines Pharao zum Wesir, und Moses wurde hier geboren. Joseph wurde sogar aufgefordert, seine Brüder ins Land zu holen, da der Pharao versprach, diesen das Beste zu geben, was Ägypten bietet. So kam die große Familie an die hochgerühmten Fleischtöpfe Ägyptens. Das Wachstum der israelischen Bevölkerung wurde später so stark, daß Moses das inzwischen verfolgte, aus sechshunderttausend Menschen bestehende Volk schließlich zurück nach Israel führte. Daraus läßt sich schließen, daß die Wurzeln des jüdischen Volkes auch am Nil zu suchen sind, daß also auch die ägyptische Religion Einfluß auf die Gottvorstellungen der Israeliten (und umgekehrt) gehabt hat.

Die Fleischtöpfe Ägyptens lockten viele an

Die Vermutung liegt nahe, den himmlischen Vater der Juden und der Christen mit als Nachfolger der lebenspendenden Sonne Echnatons anzusehen. Natürlich kann Echnaton genauso aus vorderasiatischen Kulturkreisen beeinflußt worden sein.

Wir werden noch mehreren Spuren dieser Art begegnen, da der Kosmos der ägyptischen Götter grenzenlos zu sein scheint. Es darf nie außer acht gelassen werden, daß diese Götter die Vorstellungswelt eines ganzen Volkes in Anspruch nahmen. Die Menschen lebten auf eine Art und Weise mit ihnen, wie wir es uns heute gar nicht mehr

vorstellen können. Sie liebten ihre Götter, be-
kämpften sich für sie, ja, ließen sogar die Götter
unter sich harte Kämpfe austragen, so daß die
Götterwelt im Lauf der Entwicklung des ägyptischen Volkes, im Lauf der Generationen, auch so
manche Neu- und Umwertung erfuhr.

Für Menschen, die Götterglauben derart inten-
siv mit Jenseitsvorstellungen verbanden, mußten
der Herr, die Herrin des ewigen Lebens und damit der Hoffnung auf Auferstehung einen besonderen Stellenwert haben. Doch der reine
»Sonnengott«, also Aton, steht nicht so deutlich
wieder auf wie der Mond, der am dritten Tag nach
seinem Verschwinden vom Morgenhimmel wieder als neugeborene Mondsichel am Abendhim-
mel sichtbar wird. Deswegen entwickelte sich
Osiris auch vom Sonnen- zum Mondgott, während Isis/Venus stets nur in Bezug zu den Mondsicheln gesetzt wurde, niemals zur Sonne.

**Osiris:
Glaube an »Stirb
und werde«**

Folgendes Beispiel ist bezeichnend für die Um-
wertungen: Osiris war ursprünglich ein Fruchtbarkeitsgott, aber mit der Zeit nahm er immer
mehr Eigenschaften anderer Götter an. Sein Kult
breitete sich aus, und der in Abydos regierende
Mondgott Chenti-Amentiu ging mit der Zeit völlig in Osiris auf. Der Gatte der Isis und Vater des
Horus wurde schließlich im Triumphzug von
Memphis nach Abydos geführt, wo er zum Gott
der Nekropolen avancierte.

Geborgenheit wenigstens am anderen Ufer zu
finden – das war die Sehnsucht aller Menschen,
ob sich nun ihr irdisches Dasein erfüllt hatte oder
nicht. Schon zu Zeiten der 1. und 2. Dynastie gab
es Orte, an denen sich die Menschen begraben
lassen wollten. Eine jener Begräbnisstätten war
dort, wo später die Tempel von Abydos errichtet
wurden.

Der Djed-Pfeiler –
Symbol des himm-
lischen Baumes

»Ich lebe – ich sterbe, ich bin Osiris...« So beginnt ein Totenspruch. Noch einmal sei an die
Zerstückelung der Leiche Osiris' durch Seth erinnert, die am Himmel alle vier Wochen am Beispiel
des abnehmenden Mondes sichtbar nachzuvoll-
ziehen ist. Sie hatte auch Parallelen auf Erden. Ein
Beispiel gaben etwa die Getreidekörner, die sich
einzeln (also zerstückelt oder losgelöst vom
Halm) auf wunderbare Weise vermehren, indem
sie aus dem *Grab* der Erde Ähren hervortreiben.
Schon sehr früh bereitete man deswegen aus Nilschlamm und untergemischten Getreidekörnern

kleine »Osirisbetten«. Auch werden Tote in ein Grab der Mutter Erde gelegt, da die Erde ja wie der Himmel deutlich das Beispiel von »stirb und werde« gibt.

Abydos – beste Wohngegend für die Götter

In Abydos soll der Kopf des Osiris begraben worden sein – ein Grund mehr, diesen Ort als beste Wohngegend für die Toten zu bezeichnen. Aber auch die Lebenden kamen häufig zu einer Wallfahrt hierher, so daß in oder vor dem Tempel bald viele Festspiele veranstaltet wurden, meistens das Drama vom Tod und Begräbnis des Gottes, aber auch von der Rache an seinen Feinden. Zum Schluß wendete sich das Drama zum Guten; wenn die Priester riefen, »Osiris ist auferstanden«, jubelte die Menge. Der Jubel muß weit über das Land den Nil entlang zu hören gewesen sein, denn zu den Mysterien- oder Passionsspielen kamen scheinbar alle, die hierzu in der Lage waren. Alle wollten dabei sein, ob als Mitspieler oder als Zuschauer.

Diese bedeutendsten Mysterienspiele Ägyptens fanden im vierten Monat (Choiak) der Überschwemmungsjahreszeit statt und endeten nach dem dreißigsten Choiak mit der Thronbesteigung des Horus und der Aufrichtung des Djed- (Ded-) Pfeilers.

Mit dem Djed-Pfeiler finden wir wiederum ein Sinnbild für den »himmlischen Nil«, die »Straße der Hathor« oder die Milchstraße, wie wir heute noch diese langgezogene Sternenballung am Firmament bezeichnen. Sie wurde auch als Lebensbaum angesehen, der sich dreht, verschwindet, um neu zu erstehen, somit am Himmel wiederaufgerichtet wird. Wie im Himmel, so auf Erden – also wurde auch auf Erden ein Holz-, später ein Steinbaumhaus errichtet. Diese Überlieferung

Rechts:
Seth und Isis richten
den Djed-Pfeiler auf

lebt heute noch in unserem Mai- oder Christbaum fort.

Der Djed-Pfeiler – ein altägyptisches Amulett

Der Djed-Pfeiler ist zugleich auch eins der häufigsten Todesamulette, denn er bürgt für das Leben. Meist wird er als vierteiliges Gebilde gestaltet, dem ein Ankh-Kreuz aufgesetzt ist. Er gilt als Rückgrat des Osiris oder als dessen Reliquie. Die Hieroglyphe bedeutet Beständigkeit, Erhaltung, Dauer – auch dies ein Hinweis darauf, daß der Baum die Toten schützen und ihnen zu neuem Leben verhelfen soll.

So heißt es im ägyptischen Totenbuch: »Man soll es legen an den Hals des Verklärten. Dann wird er eingehen in die Tore der Unterwelt.«

Kein Wunder also, daß die Aufrichtung des Djed-Pfeilers durch den Pharao und seine Familie den Höhepunkt des Festes darstellte. Dies geschah nicht nur in Abydos, sondern auch in Memphis. Der am Boden liegende Pfeiler wurde von Priestern an Stricken in die Höhe gezogen, bis er aufrecht stand. So kam man dem himmlischen Bild am allernächsten, so wurde der himmlische Vorgang am sinnfälligsten nachgeahmt, und das Volk, das nachts zum Firmament blickte, kannte dieses Bild gut, sah es Jahr für Jahr. Diese Jenseits- und Auferstehungsvorstellung hat sich erhalten und ist auch heute als Grundlage des religiösen Denkens fester Bestandteil der abendländischen Weltanschauung. Die Erlösungsreligion der Juden wie der Christen steht damit im Gegensatz zu den pessimistischen Vorstellungen etwa der Griechen, deren Hadesbilder anders gelagert sind. So nimmt es nicht wunder, daß es schon sehr früh einen Pilgerweg nach Abydos gab und sich die meisten Ägypter danach sehnten, hier in geweihter Erde begraben zu werden, denn dann mußte ja die Auferstehung zur Gewißheit werden.

In Abydos steht auch der berühmte Tempel
von Sethos I. Manche mögen darüber erstaunt
sein, weil sie sich an den mörderischen Kampf
zwischen Osiris und Seth erinnern. Aber es ist
schon gesagt worden, daß Seth nicht nur das Böse
verkörperte, wenn auch die Götter als Schieds-
richter des Kampfes zwischen ihm und Horus
letzteren zum Herrscher über das Gute erwähl-
ten. Doch Seth brachte mit seinem Stern Sirius, der **Sirius – der Stern**
später auch Sothis genannt wurde, das Zeichen **des Seth**
der Nilflut und somit der Fruchtbarkeit. Zugleich
war er der Gott der roten Wüste, mit der die
Ägypter ja bis heute leben müssen.

Seth war mit der Sonne verbunden, denn
»sein« Stern ging vor der Sonne auf, wenn diese
ihre volle Kraft zur Erde sandte. Im Gegensatz zu
Osiris blieb er stets der Sonne verbunden und
änderte seine kultische Bedeutung nicht. Es zeugt
von der religiösen Toleranz der Ägypter, daß sie
nicht im Gut- und Böse-Denken verharrten.
Schließlich war der Kampf zwischen Osiris und
Seth auch ein Kampf zwischen Gleichwertigen.
Vielleicht wählte sich Sethos I. gerade deswegen
diesen Platz, um seinen Tempel zu errichten, der
erst von Ramses II. vollendet wurde.

Dieses Heiligtum ist wie kein anderes Bauwerk
in Ägypten auf die Zahl Sieben ausgerichtet. Man
ist versucht, an die sieben traditionellen oder
sichtbaren Planeten der Astrologie zu denken.

Durch zwei Vorhöfe, die kaum mehr erhalten
sind, gelangen die Eintretenden über Rampen zu
den einstmals sieben Türen. Ramses ließ jedoch
sechs von ihnen zumauern. Der Tempel war einst
für sieben Prozessionswege geplant, was drinnen
im noch erhaltenen Teil bestens zu erkennen ist.
Hier gliedern sechs Reihen zu je zwölf Säulen den
Saal in sieben Abschnitte, die zu den Kapellen

Die sieben Kapel-
len im Heiligtum
von Abydos

führen. Die göttliche Zahl Sieben spielt also auch hier eine wichtige Rolle. Aber ebenso fällt auf, daß zur Amun-Kapelle eine Treppe führte, sonst jedoch flache Rampen, was die Überhöhung Amuns ausdrückte.

Die Kapellen waren nicht für jedermann offen; meist wurden sie mit Holztüren, deren Pfostenlöcher noch zu sehen sind, zugesperrt. In den Räumen hinter den Toren standen die Kultbilder der jeweiligen Gottheiten und davor deren Himmelsbarken.

Deswegen nannte man die Kapellen auch Herbergen der Götterbarken. Die sieben Kapellen waren folgenden Gottheiten zugeteilt: Sethos I. als Gott, Ptah, Rê-Harachte, Amun, Osiris, Isis und Horus.

Es wäre nun nicht schwer, diese Herrscher mit den klassischen Planeten zu vergleichen. Also etwa: Seth = Mars, Ptah = Saturn, Rê = Jupiter, Amun = Sonne, Osiris = Mond, Isis = Venus, Horus = Merkur. Selbstverständlich gibt es auch

Der Tempel von
Sethos I. in Abydos
ist voller Symbole

andere Gott-/Planetenbeziehungen, wie Thoth zu Saturn und dergleichen. Die obengenannten Gruppen sind nur auf diesen Sethos-Tempel bezogen, der ganz auf die Sieben ausgerichtet ist.

Der Tempel weist noch eine andere Besonderheit auf. Aus der Osiris-Kapelle führt eine Tür weiter nach hinten in eine quergelegte Osiris-Halle, die von zehn Säulen getragen wird. Von dort führen wieder drei Eingänge zu drei weiteren Kapellen. Auch hier ist die Zahl Drei (die uns noch oft begegnen wird) entscheidend, weist sie doch meist auf Osiris, Isis und Horus hin.

Auf der linken Seite schließt sich dann noch ein Vier-Säulen-Saal an, der ebenfalls für Kultzwecke gebraucht wurde. Diese Räume durften selbst bei den Passionsspielen nur sehr wenige Priester oder Eingeweihte betreten. Im Osiris-Heiligtum wurden die Klagegesänge für Osiris nur im Allerheiligsten angestimmt. Dafür waren zwei ausgewählte Priester zuständig, niemand aus der Menge durfte mitsingen. So lag tiefes Schweigen über allem, was eine ganz besonders beeindruckende Atmosphäre schuf.

Aus der Osiris-Halle kommt man nur heraus, wenn man wieder die Osiris-Kapelle durchquert; dann wendet man sich der Sethos-Kapelle zu und erkennt einen Djed-Pfeiler, den Sethos selbst aufgerichtet haben soll, um diesem Tempel Beständigkeit zu geben. Zwischen diesem Pfeiler und der Sethos-Kapelle folgt noch ein Saal für den Totengott Ptah-Sokaris, in dem Sethos auf einem Relief den Totengott und andere Götter verehrt. Im hinteren Teil befinden sich zusätzlich zwei Totenkapellen.

Auch hier ist alles auf den Tod, auf das Weiterleben danach und den Himmel ausgerichtet, denn die Kapellen sind mit lauter Sternen bemalt. Über-

all im Tempel finden sich Bilder, auch vom Osi-
ris-Mythos, etwa wie Isis von Osiris in Falkenge-
stalt begattet wird.

Das Osireion –
Heiligtum und
Grabstätte

Vorbei an der vielzitierten Königsliste, die aber
esoterisch nicht wichtig erscheint, führt der Weg
zum Osireion, wo der Kopf des zerstückelten Osiris begraben worden sein soll. Sethos I. ließ sich
hier ein Scheingrab errichten. Das Grab, in dem er
bestattet wurde, liegt im Tal der Könige. Das Osireion stand in kultischer und architektonischer
Verbindung zum großen Tempel. Und zwar bildete es die Mitte zwischen der Amun-Kapelle und
der Osiris-Halle. Acht Meter tief lag einst das
Scheingrab, in dem alle Phasen der Schöpfungsgeschichte (siehe Kapitel »Die Schöpfung«) wie-
dergegeben werden. Hundertzehn Meter lang
war der bemalte Gang zum Grab, das aus siebzehn Kammern bestand und von einem Wasser-
kanal umgeben war.

Das Innere des dreißig Meter langen und
zwanzig Meter breiten Hauptsaals bildete eine
Insel, die den Urhügel symbolisierte, der aus den
Urwasser aufsteigt.

Zwei Treppen führen zum Nilwasser herunter,
das durch einen Kanal, der siebzehn Meter unter
der Gesamtanlage verlief, herangeführt wurde.

Das Scheingrab, der sogenannte »Kenotaph«,
war hervorragend ausgestattet. Hier befand sich
auch das Bild der Göttin Nut, die vom Luftgott
Schu hochgehoben und gestützt wird, an Wänden
und Decken sowie viele astronomische (astrologi-
sche?) Texte. Zeichen, wie wir sie auch mehrmals
im Tal der Könige finden.

Das ganz Besondere ist jedoch die Sonnenuhr,
die so angelegt sein sollte, daß mittags kein Schatten erscheint. Dies ist natürlich nur symbolisch zu
verstehen; wichtiger ist, daß die Stunden in Drei-

erabständen gemessen wurden, was auf die schon erwähnte Dreiheit der Götterfamilie hinweist.

Diese Sonnenuhr unter der Erde belegt den tiefen Glauben, daß auch hier die Sonne scheint, womit selbstverständlich die innere, esoterische Sonne gemeint war. Allein dieses Bild spricht für sich. Herodot meinte, daß Anlagen dieser Art sich auch unter der Cheops-Pyramide befinden müssen, wo der tote Cheops auf einem Urhügel, umgeben von Nilwasser, seiner Auferstehung harre. Bisher ist jedoch unter der Pyramide nichts dergleichen gefunden worden.

Die Tempel von Abydos, fast anderthalb Jahrtausende nach den ersten hier errichteten Königsgräbern erbaut, zeugen von dem intensiven Glauben an Osiris und von der sicheren Gewißheit, daß jeder Mensch im Jenseits ewiges Leben erlangen kann – wenn im Diesseits nur alles geschieht, um sein Fortleben im Reich des Osiris zu sichern. Dazu gehörten auch die Einbalsamierung und die genaue Beachtung der Grabriten.

In Abydos ist der Glaube an ein ewiges Leben verwurzelt – auch heute noch

Abydos zeigt uns die Wurzeln des Glaubens, des inneren Wissens.

Dieser Tempel stellt einen Höhepunkt für die esoterische Betrachtungsweise der alten ägyptischen Kultur dar. Sie öffnet uns die Augen, läßt uns wieder nach innen schauen, um Geborgenheit zu erlangen.

Aber die große Sehnsucht nach sicherer Geborgenheit am »westlichen Ufer« hinderte die Menschen vor einigen tausend Jahren nicht daran, sich auch die Sehnsucht nach Liebe, Freude, Musik, Tanz und Glück zu erfüllen. Dafür war die kuhohrige Hathor zuständig. Ihr Haupttempel stand und steht in der Gauhauptstadt Dendera. Über tausend Jahre trennen die Bauten von Abydos und Dendera, wobei die Angaben zwischen 1700 und 1200 Jahren differieren. Doch Dendera galt schon lange vor dem Bau des heute zu besichtigenden Tempels als Kultstätte. Die Ptolemäer bauten schließlich den Tempel, der von den römischen Kaisern Domitian, Trajan und Nero vollendet wurde. Er war einer Götter-Triade geweiht: Hathor, ihrem Gemahl, dem Falkengott Horus, und ihrem Sohn Ihi.

Die Götter-Dreiheit im alten Ägypten

Diese Götter-Dreiheit ist typisch für Ägypten. Sie ist auch in anderen Religionen immer wieder zu finden.

Einige Beispiele für Vater-Mutter-Sohn = Gottfamilien

> Osiris – Isis – Horus
> Amun – Mut – Chons
> Ptah – Sechmet – Nefertêm
> Horus – Hathor – Harsamtus.

Es darf nicht verwundern, daß der Gemahl auch der Vater ist, oder umgekehrt, daß die Mutter gleichzeitig die Geliebte und sogar die Tochter sein kann. Es ist nie gelungen, die Göttervielfalt konsequent zu ordnen, dazu gingen zu viele Gottheiten in anderen auf, oder sie überlagerten sich, was oft örtlich bedingt war.

Aber warum nun gerade Triaden? Nun, die Ägypter versuchten, wie alle anderen Menschen auch, sich ein Bild vom Himmel zu machen, also auch von den Gottheiten dort hoch oben. Dieses Bild entstand jedoch stets nur im Vergleich mit dem Leben auf der Erde. So kamen die Menschen zum Bild der Götterfamilie. Sie erlebten ja, daß tierische wie menschliche Rassen, die sich vermehrten (bevor sich Rassen vermischten), in sich

gleich blieben, daß Hunde Hunde zeugten wie
Krokodile Krokodile und schwarze Menschen
Schwarze gebären. So mußten sie natürlich annehmen, daß sich die Götter Menschen nach göttlichem Ebenbild fertigten. In Wahrheit war es
umgekehrt: Die Menschen schufen sich ihre Götter nach menschlichem Ebenbild, und zwar auf
der ganzen Welt, bis gelehrt wurde, daß sich niemand ein Bild von seinem Gott machen dürfe.
Dies aber war für die Ägypter undenkbar, wie die
Regierungszeit Echnatons offenbarte. Daß sich
Tiere und Menschen vermischten, war aus schon
erwähnten Gründen dagegen kein Problem, sondern damals selbstverständlich.

Hathor wurde stets mit Kuhohren und ihrem
Kultinstrument, einer Rassel (Sistrum), darge-
stellt. Sie war Schutzherrin des Tanzes, der Musik
und der Freude – Funktionen, für die auch ihr
Sohn Ihi zuständig war. In erster Linie aber wurde
Hathor als Göttin der Liebe und der Lust verehrt.
Wir können davon ausgehen, daß die Liebe der
Ägypter sehr lustvoll war. Hier wird der griechi-
sche Einfluß deutlich, denn »Tentyra« war lange
eine griechische Kultstätte der Aphrodite, die aus
Zypern stammt und nach der viele Orte Ägyptens
Aphroditopolis genannt wurden.

Hathor – auch Göttin der Liebe und der Lust

Wie eins zum andern paßt in der Beziehung
»Oben wie Unten«, beweist das Sistrum. Wir finden die Rassel als Schmuck der Hathor, aber das
Instrument selbst ist stets mit einem Hathorbild
verziert. Es handelt sich um einen Handgriff, in
dem beim Schütteln lose eingelassene Querstan-
gen, mitunter auch Metallplättchen, klirren. Ein
rhythmisches Instrument also, und dieses Takt-
schlagen durch die Rassel wurde mit Händeklat-
schen und Fingerklopfen unterstützt. Wenn
rhythmische Musik erklang, konnten junge, an-

mutige Tänzerinnen nicht ausbleiben, und es wird berichtet, daß ihre figürlichen Reize genauso wichtig waren wie die Tanzbegabung. Musik und Tanz gehörten sicher ursprünglich zum Gottesdienst, und sie waren auch Bestandteile der Mysterienspiele oder anderer kultischer Handlungen.

Da die Ägypter wußten, daß die Männer zeugen, die Frauen empfangen, und so das Leben an die Kinder weitergegeben wird, weil das Grab gewiß ist, galt für das irdische Leben auch:

Dendera: Der Eingang zum Urwasser

»Begehe fröhlich den Tag! Laß Musik und Gesang erklingen – wirf alle Sorgen hinter dich, und
denke daran, dich zu erfreuen, bis du ankommst
im Land, wo die Stille herrscht.«

Zwei Geburtshäuser, Mammisi genannt, rechts **Die Geburts-**
vom Hathor-Tempel bezeugen dies auf andere **häuser im Hathor-**
Weise. Hier vollzog sich symbolisch Jahr für Jahr **Tempel**
die Geburt des Sohnes Ihi. Hier verbrachte die
Göttin die letzte Zeit vor der Niederkunft ihres
Kindes. Das Menschliche wurde deutlich, aber
nicht sichtbar. Das Allerheiligste war immer das
Geburtszimmer. So finden wir hier neben vielen
Darstellungen des Stillens durch göttliche Am-
men auch den Schutzgott Bes.

Bes war Halbgott und Schutzgeist der Wöchnerinnen, Schwangeren und Ammen. Dämonisch
verzieht er mit heraushängender Zunge sein Gesicht, um die bösen Geister fernzuhalten. In ganz
Afrika gab und gibt es die Sitte, die Dämonen mit
Dämonen auszutreiben oder, wie die Europäer
formulieren: den Teufel mit Beelzebub auszutreiben. Daher wurde Bes meist als mißgebildeter
Satyr dargestellt. Er hielt Schlangen, Krokodile
und andere unheilbringende Wesen von den Gebärenden ab, bewahrte Wöchnerinnen vor
schlimmen Einflüssen, so daß selbst die Göttinnen seinen Schutz suchten.

Außerhalb des Tempels ist ein Brunnen angelegt, der zum Grundwasser führt, denn die Verbindung zum Urwasser sollte immer vorhanden
sein. In Dendera wurde diese Beziehung besonders durch die Umfassungsmauern betont, die
wellenförmig geziegelt waren. Im Tempelinneren
erhöht sich der Fußboden zum Allerheiligsten
hin, während sich die Decken senken. Damit
nimmt das Tageslicht ab. So stellt der Tempel eine
Wohnung der Gottheit dar, die Himmel und Erde

Der Tempel – stets ein Abbild des Kosmos

verbindet. Dies unterstreicht, daß das Funktionieren der Welt vom ungestörten Verhältnis der Gottheiten und der Herrschenden auf Erden abhängt. Der Tempel selbst galt stets als ein Abbild des Kosmos. Aus dem Boden ragen die Pflanzensäulen zur Decke. Dort erkennt man astronomische Darstellungen sowie Sternenornamente, also die Decke als symbolischer Himmel. Die Malereien an den Wänden symbolisieren dann noch intensiver das Verhältnis oder die Auseinandersetzungen von Göttern und Menschen.

Die Kostbarkeit jedoch, und nicht nur im kunstgeschichtlichen, sondern auch im esoterischen Sinn, findet sich beim Allerheiligsten.

Dort, nach dem Betreten des Opferraums, gelangt man zum Geburtstagskiosk der Hathor. Auf einem Deckenbild ist zu sehen, wie die Göttin Nut auf der einen Seite (links) mit den Füßen auf der Erde steht und auf der anderen Seite (rechts) mit ihren Fingerspitzen die Erde wieder berührt. Nut beugt sich über Dendera, dargestellt durch zwei mit Bäumen bepflanzte Berge, und sie gebiert aus ihrem Schoß die Sonne, die gütig ihre Strahlen über das Dendera-Heiligtum ergießt. Dieses ist durch eine Stele mit dem geradeaus blickenden Hathorkopf symbolisiert. Es ist also mit Nut eine Göttin dargestellt, die die Sonne hervorbringt. Wieder müssen wir an Venus/Isis/Hathor als Morgenstern denken, denn wenn dieser am Morgen im Osten stirbt, geht danach die Sonne auf und beginnt ihre Herrschaft, während alle Sterne erlöschen.

Die Wandreliefs im Allerheiligsten schildern die heiligen Handlungen am Neujahrsfest. Zuerst kam die Entsiegelung der Tür, der ein Gebet vor der Göttin Hathor folgte. Dann begannen Beweihräucherung und Darbringung der Spenden, die der Pharao zu leisten hatte, wobei er vor Maat, die Göttin mit der Feder, dem Gerechtigkeitssymbol der ägyptischen Götterwelt, treten mußte.

Hier ist auch der Eingang zu den schwer zugänglichen zwölf Krypten, die in drei Etagen übereinander angeordnet sind. Man vermutet, daß es sich um Gottgräber im magischen Sinn handelt, der bestattete Gottesleib nur in der absoluten Dunkelheit die Kraft zur Auferstehung fand, um wiedergeboren zu werden.

Wichtig ist das Dach des Hathor-Tempels. Auf altägyptischen Tempeln war sein Betreten nur den priesterlichen Astronomen und Astrologen vorbehalten, deren Wissenschaft in jener Zeit hohes Ansehen genoß. Es wurden sogar Tageskonstellationen berücksichtigt, und wenn sich die Sonne oder der Mond verdunkelte, verfinsterte, dann wurden daraus Rückschlüsse auf das Verhalten der Pharaonen gezogen, die nun einmal als Vertreter der Gottheiten galten.

In Dendera stellt man fest, daß auch auf den Dächern Kulträume errichtet waren, was in ptolemäischer Zeit immer wichtiger wurde. Auf dem Tempel von Dendera steht ein offener Kiosk, der von zwölf Säulen der Hathor mit anmutigen Gesichtszügen umgeben ist. Durch einen bestimmten Sonneneinfallwinkel sollten hier ganz besondere kosmische Kräfte ausgelöst werden, und alle Kultgeräte wurden vor dem Gebrauch den Strahlen ausgesetzt. Hier oben soll auch die Vereinigung Hathors mit dem Sonnengott Rê stattgefunden haben. Dies war die lebenspendende Verbindung des Weiblichen und Männlichen schlechthin. Aufgrund dieser Legende kommen heute noch viele Besucher hierher, um sich von kosmischer Energie durchdringen zu lassen.

Dendera gilt als Ort kosmischer und magischer Kräfte

Man mag das belächeln, sollte aber dabei nicht
vergessen, daß es in der Tempelanlage von Dendera auch ein »Sanatorium« gab, dessen Reste
heute noch zu besichtigen sind. Hier wurden
Heilbäder verabreicht und der Heilschlaf ge-
pflegt. In der Mitte des Hofs, um den die Kran-
kenzimmer angeordnet waren, stand ein mit
magischen Texten beschrifteter Statuensockel.
Über diesen Sockel (es wird vermutet, daß darauf
die Statue des Heilgottes Imhotep stand) wurde
Wasser gegossen, das dann – nachdem es in einem Becken aufgefangen war – als Heilmittel Ver-
wendung fand. Dieser Ort scheint also eine ganz
besondere Kraft ausgestrahlt zu haben, die zwar
rational nicht erklärbar scheint, aber dennoch
vorhanden war. Manche meinen, das gelte auch
heute noch. Auch ein Orakel soll es hier gegeben
haben. Sicher war Dendera ein »heiliger« Ort,
weniger dem Übergang zum anderen Leben gewidmet als dem Genuß des diesseitigen Lebens
am Nil. Aber noch eine weitere Kapelle auf dem
Dach des Hathor-Tempels ist bemerkenswert.

Im Monat Choiak wurden wie in Abydos die
Mysterien des Leidens, des Sterbens und der Auferstehung dargeboten. Dazu bedurfte es einer
Osiris-Kapelle. An deren Decke finden wir (wenn
auch aus Gips nachgeformt, weil sich das Original
im Louvre zu Paris befindet) den weltberühmten
Tierkreis von Dendera. Es handelt sich um eine
große Himmelskarte mit den zwölf Sternbildern
und den 36 wichtigsten Dekansternen. Diese
Himmelskarte hatte verschiedene Funktionen.
Die Astronomen ebenso wie die Astrologen konnten sie zur Feststellung der Nachtstunden benutzt
haben. Das war wichtig, denn jede Nachtstunde
hatte ihren Schutzgeist. Das Wissen um ihn zeigt,
wie sehr sich die Priester dieses und anderer Tem-

**Der berühmte
Tierkreis von
Dendera**

Links:
*Hier entdeckte man
den berühmten Tier-
kreis von Dendera*

pel im Kosmos eingebunden fühlten, ja, mit ihm lebten.

Vieles, was in Dendera wie im übrigen Ägypten Brauch und Sitte war, hat sein Erbe bis heute bei uns hinterlassen. Auf der ganzen Welt wird zu Weihnachten die Geburt des Christkindes gefeiert, und Mysterien oder Weihespiele untermalen dieses Fest. Auch Ostern, da die Auferstehung gefeiert wird, hat hier seine Wurzeln, denn nun hat die Sonne über die dunkle Jahreszeit gesiegt; die Tage sind wieder länger als die Nächte. Entsprechend beging man in Ägypten das Fest der segensreichen Nilschwemme, aber auch der jährlichen Wiedergeburt eines Gottkindes. Nach 365 Tagen wird das Jahr neu geboren, damit erhalten alle Lebewesen neuen Mut und neue Zuversicht.

Uralte Feste der Menschheit Diese Feste sind uralt und tief in den Erkenntnissen der Seele verwurzelt.

In Dendera zeigt sich aber auch, daß inzwischen – weit über tausend Jahre nach dem Tempelbau in Abydos – im Lauf der menschlichen Geschichte die Jenseitssehnsucht zurückgedrängt war von Freude und Lust am irdischen Leben. Man fühlte sich nicht mehr so hilflos und fatalistisch den Naturgewalten ausgeliefert und hing mehr am Leben. Heilen hieß zudem Leben erhalten, so wurde es also gelehrt und das Gesundheitssystem aufgebaut. Auch stärkten Musik, Tanz und lustvolle Liebe die Lebensfreude, so daß das Jenseits, das andere Ufer, noch warten konnte.

Der Wandel von Abydos zu Dendera ist erheblich, aber bei allem wurden die Wurzeln nie vergessen, wie die Osiris-Kapelle auf dem Dach des Hathor-Tempels beweist, oder deren berühmter Sternenhimmel, der auch von diesem Aspekt her seine Bedeutung hat.

Hundert Tore
zu den Göttern

»Hundert hat sie der Tore . . .«, so rühmte Homer
die Stadt Theben in der »Ilias«. Heute ruht Theben
unter dem Sand der Wüste, dem Grundwasser
des Nils sowie der Stadt Luxor und den umliegen-
den Dörfern. Der Name Luxor stammt vom arabischen Wort für Burg, el-Kusûr. Und wie eine
Burg wirkt der Tempel, den Amenophis III. an der
Stelle eines sehr viel älteren Heiligtums zu bauen
begann. Das Bauwerk war der göttlichen Triade
oder Familie Amun, Mut und ihrem Sohn Chons
geweiht und diente drei großen Religionen: zunächst der Anbetung der ägyptischen Götter,
dann dem Christentum und schließlich dem Islam.

Luxor und Karnak

Der Luxor-Tempel und die Tempelanlage des
heutigen Karnak sind so gewaltig und wirken so
mächtig, daß man sich ohne große Phantasie vorstellen kann, wie prächtig einst das alte Theben
gewesen sein muß.

Die thebanischen Götter und ihre Wohnstätten
haben Jahrtausende überdauert; noch heute wird
dort gegraben, und sicher wird man immer wieder neue Ruinen freilegen.

Wie anderswo auch wurde das Neujahrsfest in
Luxor mit Inbrunst gefeiert. Dafür standen der
Götterfamilie Amun, Mut und Chons drei Barken

Ein Widderkopf der Sphinxallee, die zum Karnak-Tempel führt

Die prachtvolle Widder-Sphingen-Allee Karnaks

zur Verfügung, die sich durch die Figuren an Bug und Heck unterschieden: Die Mut-Barke wurde durch Frauenköpfe mit breiten Bändern geziert, die Chons-Barke mit Falkenköpfen und Mondsicheln und die Amun-Barke mit Widderköpfen.

Für Karnak hatte der Widder stets eine herausragende Bedeutung, wie die Widder-Sphingen belegen, deren Allee drei Kilometer von Luxor nach Karnak führte.

Der Widder war das Tier des Amun, einst Orts, dann Fruchtbarkeits- und schließlich als Amun-Rê Sonnengott. Widder bewachten auch die Tempel und Heiligtümer. Nur fällt hier den wenigsten Besuchern auf, daß die Widder-Sphingen keine Widder sind, sondern Löwenleiber mit einem Widderkopf.

In den Sphingen wurde vornehmlich der Sonnengott verehrt, wie das kosmische Rätsel belegt (siehe Seite 45).

Astrologen sehen in diesem Symbol der Widder-Sphingen-Allee wohl mit Recht das Feuerdreieck des Tierkreises, also die Abschnitte Widder, Löwe, Schütze. Kopf: Widder. Das Herz, das im Leib schlägt: Löwe. Und der Weg zu den Göttern wird durch den Abschnitt Schütze noch heute symbolisiert. Löwe ist zudem das Zeichen der Sonne, die sich auch in den anderen zwei feurigen Abschnitten Widder und Schütze wie zu Hause fühlt.

Theben war die religiöse Hauptstadt des Neuen Reichs, wie es Memphis für das alte Imperium war. Wer die Tempel sieht, kann sich vorstellen, wie prunkvoll einst die Residenz des Pharao, der sich ja als Vertreter der Gottheiten auf Erden sah, gewesen sein muß.

Beim Tempel von Luxor fällt auf, daß der Weg vom Eingang bis zum Allerheiligsten und dem Barkensaal abknickt. Das liegt darin begründet, daß eine vorher einzeln stehende Granitkapelle des Thutmosis III. später in den Komplex miteinbezogen wurde, während der vordere Teil direkt nach Karnak ausgerichtet war. Der Tempel ist ebenso wie Karnak in mehreren Bauphasen errichtet worden, wobei die neuen Bauabschnitte immer vor die alten Anlagen gesetzt wurden. Dieser Knick ist also aus mystischer oder esoterischer Betrachtungsweise ohne Bedeutung.

Luxor: Der Weg vom Eingang bis zum Allerheiligsten

Wichtig aus unserer Sicht ist jedoch der erste Pylon. Vor dem Betreten des Tempels sieht man gewaltige Mauern, die sich wie Berge in der Nilebene erheben: Es sind zwei pfeilerartige Blöcke mit schrägen Wänden, das eingelassene Tor jedoch reicht nur bis zur halben Höhe. Diese Anlage hat eine starke symbolische Aussage. Sie sollte einen Taleinschnitt zwischen zwei Bergen versinnbildlichen, an dessen hinterem Horizont die

Am Ufer des Nils erhebt sich der prächtige Tempel von Luxor

Bildhauer hießen »Lebendigmacher«

Sonne zur höchsten Höhe aufsteigt. Da der Tempel mit dem Allerheiligsten gen Süden ausgerichtet ist, betritt man ihn durch den Pylon von Norden her, schaut also dem Höchststand der Sonne entgegen. Genau dort, wo die Sonne hinschien, sollte sich für die Gläubigen der Sitz des Gottes und des Königs befinden. Ein Ort, dem die Sonne so deutlich ihren Segen gibt.

Sicher diente ein solch festungsartiger Tempel zusätzlich der Abschreckung von Feinden, aber dies war nie der eigentliche Grund für den Bau der Monumentalwerke. Der Tempel mußte großartig sein, weil die Götter es auch waren! Man kann einem Gott keine Lehmhütte bieten. Die Gottstatuen waren geschaffen, damit sich die Götter, wenn sie wollten, hier niederlassen konnten. Daher fielen auch die steinernen Figuren der Pharaonen so gigantisch aus, denn sobald sie bei Osiris waren, wurden sie selbst zu Göttern. Wollten sie nun wieder zurück, konnten ihre Seelen in

den steingewordenen Abbildern Einzug halten.
Nicht ohne Grund hießen die Bildhauer im alten
Ägypten »Lebendigmacher«. Ihre symbolische
Aufgabe war es, Götter und Pharaonen in der
Erinnerung der Nachkommen lebendig zu halten.

Theben hieß einst schlicht »Wêset (Waset)« oder
einfach »No«, die Stadt, und galt lange Zeit hindurch als der Nabel Ägyptens. In der erwähnten
»Ilias« wird es einfach als »Thebai, Aigyptos'
Stadt« bezeichnet. Östlich des Nils existiert heute
nur noch ein kleines, armseliges Dorf gleichen
Namens – und eben die riesige Anlage des Kar-
nak-Heiligtums, die aus vielen Tempeln besteht,
wobei die des Amun, der Mut und des Chons
besonders herausragen.

Der Tempelbezirk begann früher unmittelbar
am Strom. Dort standen auch zwei Nilstandsan-
zeiger, Anlegeplatz für die heilige Barke des
Amun bei Prozessionen.

Der heutige Eingangspylon nach der Widder-
Sphinx-Allee (die nicht mit jener Allee identisch
ist, die von Luxor herführte) ist noch gewaltiger,
wenn auch unvollendet, als der des Tempels von
Luxor.

Zunächst gelangen die Besucher in den größten Tempelhof Ägyptens, flankiert von Sphingen,
die teilweise ausgegraben wurden, hier folglich
ursprünglich nicht standen. Für uns ist der große
Säulenwald wichtig, der »Wald von Karnak«, wie **Der Wald von**
er auch genannt wird. In der Tat handelt es sich **Karnak**
um einen heiligen Hain, denn die Säulen stellen
wirklich Bäume dar. Dieser Vorstellung mußte
die ganze Anlage angepaßt sein. So kommt es,
daß niemand vom Hauptgang aus diagonal
durch den Säulenwald schauen kann.

Bei festlichen Anlässen fanden Prozessionen

statt, die sich alle auf dem Hauptgang abspielten, sozusagen von Wald umgeben. Die Anlage hat nichts mit einem Saal zu tun, wenn sie auch immer wieder als solcher bezeichnet wird. Die Lichtverhältnisse waren einem Wald nachempfunden, wie die steinernen Gitterfenster hoch oben bekunden.

Von den zahlreichen Sehenswürdigkeiten dieser letztlich unvollendet gebliebenen Tempelanlage, die in vielen Reiseführern ausführlich beschrieben werden, interessieren uns vier: der heilige See, das Allerheiligste, ein kleiner Raum im Chons-Tempel sowie ein kaum beachteter, versteckt liegender Tempel im Nordosten der Anlage.

Das heilige Urwasser war mit dem Nil verbunden

Der heilige See, in vielen Tempelanlagen vorhanden, erscheint hier besonders eindrucksvoll. Er symbolisiert das Urwasser, weil dem Glauben nach alles aus dem Urwasser stammte, die Erde ebenso wie die Sonne. Deshalb stiegen die Priester mit Anbruch des Tages die Treppen zum See hinab, um sich zu reinigen. Zur Feier und zu Ehren der Götter fanden dort Kultspiele statt.

Um den See herum aber gingen nur die Priester, um sich zu besinnen, nachzudenken, zu meditieren. Das heilige Urwasser war in fast allen Tempelanlagen durch einen unterirdischen Kanal mit dem Nil verbunden, um ein Austrocknen zu verhindern.

Hier steht auch der Riesenskarabäus aus Granit, den bereits Amenophis III. aufstellen ließ: Sinnbild der Verbindung zur schöpferischen Sonne, da sich der aus Heliopolis stammende Gott Atum einst mit dem Gott Chepre-Rê vereinte, also mit dem Sonnenkäfergott. In Heliopolis hieß der Sonnengott Atum, in Theben Amun. Atum war der Gott der Wandlung, der sich vom Sonnen-

Kindgott des Morgens zum zittrigen Greis des
Abends wandelte.

Die Beziehung zum Käfer ist bereits geschildert
worden; sie wurde noch dadurch unterstrichen,
daß die Kugel, die der Käfer vor sich herrollte,
einen rötlichschwarzen Schimmer hatte. Daher
wurde der Skarabäus, besonders der Herzskara-
bäus, zum Symbol ewigen Lebens. Der Herz-
skarabäus wurde den Verstorbenen dahin gelegt,
wo deren Herz einst schlug, denn er hatte die
Macht, Vergehen in Werden zu wandeln. So wie
es uns die Sonne am Himmel anzeigt, da mit
ihrem Absteigen abends der Tag vergeht, aber
durch ihr Kommen es wieder Tag wird.

Daher sind viele der allerheiligsten Räume
nach beiden Sonnenseiten hin offen. Die beiden
Seiten stellen einmal den Osten dar, wo die Sonne
auf-, sowie den Westen, wo die Sonne untergeht.
Es wurde sogar angenommen daß der Sonnengott
am frühen Morgen hier im Osten vom heiligen

*Der heilige See
in Karnak*

*Der Käfer (Chepre)
schiebt die Sonne
in den Tag*

Käfer geschoben auftaucht und dann an derselben Stelle im Westen abends, wenn das Licht
versinkt, die Barke für die Fahrt durch die Dunkelheit besteigt. Deswegen wurde genau an diesem Platz im Westen des Allerheiligsten die Barke
auf einem Sockel abgestellt. Dem einfachen Volk
war es jedoch verwehrt, dies mitzuerleben, da es
grundsätzlich nur bis zum ersten Hof durfte. Es
kam nicht einmal bis zum Säulenwald, auch ein
Beleg dafür, daß hier nie ein Saal geplant war, wie
etwa in unseren Kirchen oder in Moscheen.

Abgerundet wird die Ausrichtung nach Ost und West durch den Tempel des Ptah. Wir erinnern uns: Ptah war Schöpfer und Schutzgott von Memphis und zugleich des Königtums. Die Pharaonen konnten nie genügend Schutzgötter haben, also versammelten sie viele um sich herum und erbauten allen ihr spezielles Heiligtum. Der Ptah-Tempel wirkt sehr intim und besitzt drei Sanktuar-Kapellen.

Hier erkennt man erneut deutlich, daß die Götter nach Meinung der Priester, und damit nach Meinung aller, hoch oben im dunklen Sternenhimmel weilten, denn der Tempel ist nach oben geschlossen. Nur durch einen Schlitz in der Decke fällt ein schmaler Lichtstreif ein, der das Tempelinnere in ein diffuses Dämmerlicht taucht. Der Besucher kann sich schwer dem Eindruck entziehen, den die Überreste dieser Göttergläubigkeit ausstrahlen. Schon die Statue des Gottes Ptah vermittelt etwas von dieser Atmosphäre, wenn das Bildnis auch ohne Kopf in der Kapelle steht.

In der rechten Kapelle, neben der von Ptah, finden wir seine Gemahlin Sechmet. Und gerade diese Göttin führt uns weit zurück in die Zeit der ersten Himmelsbeobachtungen.

Sechmet wurde immer als löwengestaltige Göttin dargestellt. Sie galt als das »zornige Auge« des Rê, aber auch als Botin des Todes. Sie war es, der man zuschrieb, daß die Vernichtung des Menschengeschlechts eines fernen Tages unweigerlich kommen müsse.

Sechmet, Löwengöttin und »zorniges« Auge des Rê

Warum war nun gerade diese Göttin die Frau des Schöpfergottes Ptah? Nun, Sechmet hatte eine Gegengöttin (man sagt auch, eine Schwester), die katzengestaltige Bastet. Diese charakterisiert die Liebe. Damit versinnbildlichen beide Göttinnen Furcht und Liebe. Oder anders: Sechmet ist

Abbildung 1

Abbildung 2

Abbildung 3

Abbildung 4, 5

Abbildung 6

Abbildung 7

Abbildung 8

Abbildung 9, 10

Abbildung 11

Abbildung 12

Abbildung 13

Abbildung 14, 15

Abbildung 16

Abbildung 17

Abbildung 18, 19

Abbildung 20

Abbildung 21, 22

Abbildung 23

Abbildung 24

Abbildung 25

Abbildung 26

Abbildung 27

Abbildung 28

Abbildung 29, 30

Abbildung 31

Abbildung 32

Kriegs- und Krankheitsgöttin, Bastet dagegen Göttin der Liebe und der Auferstehung, also des kommenden Lebens. Es dürfte also klar sein, welche beiden Sterne diese Göttinnen symbolisieren: den Morgen- und den Abendstern. Der Morgenstern führt die Mondsichel zum Tod, der Abendstern gebiert sie neu. Diese »feindlichen« Schwestern sind uns auch schon aus vorägyptischer Zeit bekannt. Viele sumerische oder akkadisch-babylonische Mythen berichten davon. Ihr Kampf wurde als Machtprobe um die Herrschaft über den Himmel angesehen. Aber etwas daran ist merkwürdig: Man sieht von der Erde aus immer nur *einen* Stern, entweder den Morgen- oder den Abendstern. Nie stehen beide Sterne am Himmel. Im Gegenteil, es gibt Zeiten, da weder der eine noch der andere am Morgen oder am Abend zu sehen ist. Er zeigt sich als immer nur *ein* Stern, und zwar als jener, den wir heute Venus nennen.

Morgen- und Abendstern, zwei verschiedene Gottheiten für die Ägypter

Doch dies wußten die Himmelskundigen archaischer Zeiten noch nicht. Erst Pythagoras stellte diesen Irrtum richtig, allerdings lange nach der Zeit, die wir gerade zu ergründen suchen. Da diese Tatsache also damals unbekannt war, mußten die Sumerer, die Babylonier und die Ägypter die Sterne verschieden sehen, und somit auch die Götter, die von ihnen versinnbildlicht wurden. Seltsam ist auch, daß es sich immer um Göttinnen handelte, und zwar um solche, die zueinander in einer Beziehung stehen. Die Verbindung wird verständlich, wenn man bedenkt, daß bei beiden Sternen einmal im Monat die Mondsichel steht, mal ab-, mal zunehmend. Außerdem geht entweder die Sonne unmittelbar nach dem Erscheinen auf (am Morgen) oder der Stern kurz nach dem Untergang der Sonne (am Abend).

In Mesopotamien kannte man den Gegensatz

von Ischtar und Allat, der Göttin des Totenreichs, aber auch den von Ischtar und Saltu. Der Gott Ea wollte die beiden Göttinnen versöhnen, was ihm jedoch nur deswegen gelang, weil die Menschen sich entschlossen, Saltu genauso zu ehren wie Ischtar und auch ihr Heiligtümer zu bauen.

In Karnak wirkte sich dieser Schiedsspruch noch aus. Denn insbesondere im Tempel der Mut fanden sich fast unzählige katzen- und löwengestaltige Göttinnen.

In den sumerischen Mythen wird von Inanna erzählt, die von ihrer Schwester Ereschkigal triumphierend festgehalten wird, so daß alles Leben auf der Erde abstirbt. Ähnliche Motive kennen wir aus der griechischen Mythologie, da Demeter alles Leben auf der Erde absterben läßt, während ihre Tochter Persephone in der Unterwelt weilt. In Griechenland gab es ferner den Gegensatz zwischen der lieblichen Aphrodite und der eher spröden Athene, oder zwischen Aphrodite und der Jagdgöttin Artemis.

Auch in den germanischen Sagen kommen die feindlichen Frauen vor: im Nibelungenlied Brunhild (Morgenstern) und Kriemhild (Abendstern). Da morgens die Mondsichel stirbt und nicht geboren wird, kann auch die Mondgöttin nicht gebären, sie ist jungfräulich und kämpferischer.

Die Abendgöttin dagegen gebar den Mond, also wurde sie Mutter- und Liebesgöttin. Aus diesem Bild wuchsen später die Astarte, die Isis, die Hathor, die Aphrodite und die römische Venus, deren Gegenspielerin Minerva war. Oder denken wir an die jungfräulichen Tempeldienerinnen, die Vestalinnen, im Gegensatz zu den Tempelprostituierten – überall finden wir die symbolische Dualität der beiden Himmelserscheinungen.

Die »feindlichen« Schwestern gibt es in vielen alten Religionen

Auch die Astrologie hat während Jahrtausenden zwischen Venus als Morgenstern und Venus als Abendstern unterschieden. Die Beurteilung war jeweils differenziert – oft mit Recht völlig entgegengesetzt. Die esoterische Astrologie tut dies noch heute.

Auch die Sternkundigen Ägyptens studierten die Ereignisse am Himmel und wirkten durch deren Auslegung auf das Handeln der Pharaonen ein. Allerdings betrieben sie mehr eine Staats- als eine Individualastrologie.

Das Orakel im alten Ägypten Daher spielte das Orakel eine ganz besondere Rolle; man ging infolgedessen in die Tempel der Götter (wie später in Delphi, wo man das Heiligtum des Apollon aufsuchte), um die Zukunft zu ergründen. Schon damals diente das Orakel mehr der Selbsterkenntnis als künftigen Ereignissen. Die Erziehung der Ägypter ging stets dahin, sich auf alles Kommende rechtzeitig und richtig einzustellen, ohne die Zukunft zu fürchten.

Ein wichtiges Orakel finden wir in der Tempelanlage von Karnak, und zwar im Chons-Tempel. Der Orakelraum lag hinter dem Allerheiligsten und ist heute durch zwei freistehende Säulen zu erkennen. Hier durfte alles und jedes erfragt werden, natürlich – wie in Delphi – nur durch Priester.

Könige befragten das Orakel, aber auch Kaufleute, bevor sie Reisen unternahmen. Selbst während der Prozessionen konnte gefragt werden. Als »ja« galt, wenn die Träger der Barke weiter vorwärtsgingen. »Nein« dagegen, wenn der Vorwärtsgang durch einen Schritt zurück unterbrochen wurde, was hieß: Verweile und besinne dich.

Aber Karnak ist ohne Theben-West, die Totenstadt jenseits des Nils, nicht zu begreifen.

In Theben-West können wir eine neue Entwicklung der Bestattungsriten nachvollziehen. Standen bei den Pyramiden die Totentempel ganz nah
bei den Gräbern, waren in Abydos die Gräber um
die Tempel herum angelegt, so sind hier Gräber
und Tempel weit voneinander getrennt. Karnak
setzte sich auf dem Westufer fort. Die Totentempel waren stets mit den dortigen Bauten verbunden, sie gehörten zusammen wie Tag und Nacht,
was auch dadurch zum Ausdruck kam, daß sie
von der Priesterschaft des Amun-Tempels mit-
verwaltet wurden.

Vor dreieinhalbtausend Jahren begannen die
Bestattungsprozessionen am Nil oder an den hier
nahegelegenen Totentempeln und bewegten sich
auf weitem Weg, den heute kaum jemand mehr
geht, in vielen Windungen zwischen kahlen Kalk-
steinfelsen tief in einen Taleinschnitt hinein bis
nach Bibân el-Molûk zum legendären Tal der Könige.

Interessanterweise wurde dieses Tal früher das
»Tal des Todes« oder, noch bedeutungsvoller,
»die Tore der Könige« genannt.

**Das Tal
der Könige –
»die Tore
der Könige«**

Dort also lag für etwa fünfhundert Jahre das
Tor zum Jenseits, zum Paradies. Über dem Tal
wacht ein Kalksteinmassiv, genannt »el Korn«,
die »Herrin des Schweigens«. Die Gräber sind
Stollen – bis zu 300 Meter lang und 20 bis 95 Meter
tief. Alle sind nach dem gleichen Prinzip angelegt:
drei (man beachte diese Zahl) gerade oder seitlich
versetzte Korridore, die oft durch Treppen verbunden sind, dazu Nebenräume, Nischen. Zusätzlich wurden zum Schutz vor Dieben
Fallgruben bis zur Grabkammer angelegt. Alle
diese Räume waren herrlich ausgestattet und ausgemalt, und wenn das Grab vollendet, die Zere-
monie beendet war, wurde der Grabeingang in

aller Heimlichkeit fast unauffindbar zugemauert und versiegelt.

Hier ruhten nun die Pharaonen mit Goldmasken auf ihrem Gesicht. Die Sonne schien golden, so wurde dieses Edelmetall auch der Sonne und damit der Unsterblichkeit zugeordnet.

**Der unermeß-
liche Reichtum
der Pharaonen-
gräber**

Da im irdischen Leben mit Gold Heilungen vollbracht werden konnten, war dies ein Hinweis darauf, daß Gold Macht über den Tod besitzt. Alles wurde vergoldet, angefangen bei den Ka-Statuen bis zu den Weihgeräten aller Art. Kein Wunder, daß im Volksmund die Grabkammern auch Goldkammern hießen. Dies ist übrigens mit ein Grund, warum Gelb – die Goldfarbe – bei den Wandmalereien der Gräber überwiegt. Toten, die keine materiellen Güter besaßen, wurden die Gesichter mit gelber Farbe angemalt.

In den Gräbern war jedoch nicht nur der König in Gold gekleidet, sondern auch sehr viele Gewänder oder Gebrauchsgegenstände waren vergoldet. Unvorstellbar die Werte, die einst in den Gräbern der Pharaonen lagen; kein Wunder, daß die Kammern von Sethos I., Ramses II. oder Thutmosis III. die Gier gottloser Schatzräuber weckten und förmlich zur Plünderung einluden.

Die Texte an den Wänden, die Inschriften und Bilder dienten allein den Toten, sie waren für keinen anderen bestimmt und gaben Verhaltensweisen für den Übergang. Beispielsweise das Pfortenbuch, das als »Führer oder Leitfaden für das Jenseits« galt. Hierin stand, wie den Dämonen auszuweichen war, die die Verstorbenen Prüfungen unterzogen. Da gab es die Vorschrift, daß die Namen der Götter stets zu rufen waren, um diese anzusprechen – was den Göttern als Beweis der Verehrung diente. Der Weg zu den Göttern war gefährlich: Da mußten Sümpfe durchwatet, Berge

Den Toten wird
neues Leben einge-
haucht

bestiegen, Ströme überquert werden. Symbolisch
hieß das: »Sinke nicht ein, habe Mut, den Gipfel
zu erklimmen, laß dich von keiner Grenze abhal-
ten.«

Die Toten mußten lernen, daß ihr Leib die Kräfte des Bösen lockte, daß ihre Seelen harte Strafen

zu erwarten hatten. Die spätere Hölle war hier schon vorweggenommen.

Die zum Schutz vor Räubern versteckt angelegten Gräber hoben sich von außen merkwürdig bescheiden gegen die Pyramiden oder die stolzen Tempel von Karnak ab. Innen jedoch waren sie voller Glanz: Mit dem Tod verlor die äußere Pracht an Bedeutung, man wandte sich dem Inneren zu. Wie beschwerlich die Reise ins Jenseits war, beweisen die Totentexte, die nicht nur an den Wänden standen, sondern auch auf den Sarkophagen und auf Mumienbinden. Die Namen der Torwächter waren angegeben, und magische Formeln sollten notfalls den Toten helfen, den bösen Affendämonen zu entkommen, die mit ihren Netzen auf »Seelenfang« ausgingen.

Texte berichten, was die Toten alles lernen mußten

Die Toten mußten viel lernen; etwa keinen Urin zu trinken oder auf dem Kopf zu gehen. Letzteres bedeutete, spätestens jetzt einen anderen Blickpunkt einzunehmen. Schließlich geben die Texte Auskunft, wie man sich beim Totengericht zu verhalten habe. Dieses war sozusagen das A und O, Anfang und Ende.

Wenn der Tote bei Osiris erscheint, wird er von ihm oder von anderen Gottheiten im Beisein der Göttin Maat geprüft. Deren Symbol, die Feder, die sie am Kopf trägt, ist das Prüfungsinstrument schlechthin. Diese Feder wurde nämlich auf eine Waagschale gelegt, das Herz des Gestorbenen als Symbol für sein Lebensverhalten auf die andere Waagschale. War nun das Herz schwerer als die Feder der Maat, dann hatte man das Gericht nicht bestanden: Das Herz – damit der Tote – wurde der Totenfresserin – als böses Krokodil, als Abart des Anubishundes oder als böses Ungeheuer dargestellt – zugeworfen. Der Tote kam nicht zu Osiris, nicht ins Jenseits; er konnte kein Weiterleben, kein neues Leben erwarten.

Eine Anklage in unserem heutigen Sinn gab es nicht. Es galten allein die Aussagen des Toten, die jedoch nur aus Verneinungen bestanden: »Ich bin keiner, welcher an anderen Menschen Unrecht verübt!«

Oder: »Ich verlange von jedem Tagwerk nicht mehr Abgaben, als mir gebühren.« »Ich bin kein Verleumder...« »Ich bin kein Zuträger...« »Ich tue nichts, was die Götter verabscheuen.«

Es fällt die Gegenwartsform aller Aussagen auf: Der Tote ist eben nicht tot, sondern verweilt nur im Stadium des Übergangs.

Jede Aussage wurde vom Gott Thoth genauestens notiert und auf Papyrus festgehalten. Zum Schluß wurde gewogen und das Urteil in der Form gefällt, daß das Herz entweder dem Geprüften zurückgegeben oder der Totenfresserin zum Fraß vorgeworfen wurde. Bekam der Tote das Herz zurück, durfte sich seine Seele auf die Reise zu den Sternen machen.

Im Grab Sethos' I., dem schönsten Grab im Tal der Könige, sieht man im Goldsaal über der Stelle, wo einst der König seine letzte irdische Ruhe fand, eine Himmelskarte. Dies ist wohl die älteste uns überlieferte Dokumentation über die Sterne. Man erkennt Sternbilder wie Löwe oder Stier, den Großen Wagen, der in Ägypten das »schwangere Nilpferd« hieß und von einem Dämon, der krokodilgestaltigen Toëris, bewacht wird. Die Gestirne durchwandeln die Nacht in einer doppelten Reihe. Die Geister der »unermüdlichen« Sterne fahren in Barken, die »unzerstörbaren« gehen zu Fuß. Unter den Sterngeistern zu Schiff ist Orion, der seinen Blick zur Siriusgöttin wendet.

Deckengemälde im Grab Sethos' I.: »... damit die Seele sich im Himmel zurechtfindet«

Geschaffen wurde dieser Himmel, damit die Seele sich dort oben zurechtfindet, damit der Weg ins Jenseits gemeistert werden kann.

In einer Welt zwischen Leben, Tod und Lebenshoffnung, in der die Grenze zwischen Tod und Leben nicht mehr existent war, werden auch andere Barrieren eingerissen: Da wandelt sich der Tote zur Sonnenscheibe, haben Schlangen Füße, Reptilien zwei Köpfe; da tanzen Gestirne, oder lange Arme recken sich aus dem Boden. Tierköpfige Götter treten Menschen gegenüber, man sieht Mund- und Augenöffnungen, die von jungen Frauen (Priesterinnen oder Geliebte) ausgeführt werden. Der Phantasie sind keine Grenzen gesetzt. Und doch sind dies alles Bilder der Seele, die zum Ausdruck kommen, es ist nichts darunter, von dem nicht heute noch die Menschen träumen könnten.

Natürlich ist solch eine Welt dem nüchternen Verstandesmenschen fremd, hier muß man schon Esoteriker sein, um zwar nicht alles logisch zu verstehen, es aber im tiefsten zu begreifen. Es ist eine Welt, die noch in uns lebt, die auch nie sterben wird. Wer all das nicht in sich ahnend aufnehmen kann, der muß es für eine krause Phantasiewelt halten. Die Nachwelt urteilte oft mit Verachtung und Spott. So wurden die Ägypter als ein Volk bezeichnet, das nicht normal zu nennen war. Man sprach von hysterischen Vorstellungen über das Jenseits, ja vom Gespaltensein des Denkens.

Dabei wußten die Ägypter klarer als mancher Heutige etwas von den Dämonen, die in uns leben, von der Sehnsucht nach Geborgenheit und Glück da drüben im Westen, wo alles untergeht, um neu aufzuerstehen.

Im Tal der Könige liegen 64 Gräber, von denen

17 teilweise geöffnet und darüber hinaus manche vielleicht immer noch nicht entdeckt worden sind. Heute sind sie vom Hochwasser des Nils bedroht, eine Folge des Assuan-Staudamms, aber auch gefährdet durch die Abwässer eines Rasthauses, die über schadhafte Leitungen in die alten Gräber versickern.

In Theben-West wurden nicht nur Pharaonen begraben, im Tal der Königinnen befinden sich rund siebzig Gräber, außerdem verstreut über vierhundert Privatgräber und mehr als tausend Grabhöhlen sowie die Höhlen und Hütten der Nekropolenarbeiter, die hier kaserniert waren und in Schichten zu jeweils zehn Tagen an den Grabanlagen arbeiteten. Diese Arbeiter wurden von der anderen Bevölkerung getrennt, um ein Ausplaudern von Grabgeheimnissen zu verhindern. Aber das nutzte nichts: Fast alle Gräber, bis auf das von Tut-ench-Amun, wurden von Grabräubern mit Erfolg geplündert, nicht einmal der sogenannte »Fluch der Pharaonen« konnte dies verhindern.

Wirkungsloser »Fluch der Pharaonen«

Außer den Gräbern standen auf der Westuferseite des Nils mehrere Tempel, von denen außer zweien kaum einer erhalten ist. Den Fremden wird heute vor allem der Tempel der Hatschepsut in Deir el-Bahri gezeigt und der Tempel Mêdinet Hâbu, der dem Ramesseum nachempfunden wurde. Vielleicht besichtigt man noch den kleinen ptolemäischen Tempel Deir el-Medîna und letztendlich die legendenumwobenen Memnons-Kolosse, die einst vor dem Totenmonument des Pharao Amenophis III. standen. Heute wirken sie wie riesige Wächter dieser gigantischen Totenstadt. Ihr sagenhafter »Gesang« bei Sonnenaufgang hat zu manch phantasievoller Spekulation geführt.

Dieser Gesang hat jedoch wenig mit Mystik und Esoterik zu tun. Das Tönen entstand, weil sich unter den Strahlen der aufgehenden Sonne das Gestein an einem Riß in der nördlichen Statue dehnte, der durch ein Erdbeben im Jahre 27 vor Christus entstand. Nachdem die Statue renoviert worden war, sprach der Koloß nicht mehr. Immerhin lockte dieses »Wunder von Theben« schon zu Zeiten des römischen Kaisers Hadrian unzählige Besucher an. In diesem Gebiet, da Leben und Tod, Diesseits und Jenseits sich hautnah begegneten, da die Lebenden mit dem Tod auf du und du zu stehen schienen, bildeten sich zusätzlich zu den alten Mythen ständig neue Legenden. Im folgenden werden wir uns besonders auf das Mystisch-Esoterische beschränken, da alles andere vielfach in Reiseführern nachzulesen ist. Am auffälligsten zeigen sich die beiden Tempel in dem Tal, das man auch den Felsenzirkus nennt: in Deir el-Bahri.

Der Tempel der Hatschepsut – eine Kultstätte für Hathor

Hier steht breit, nicht wie sonst längs, der Tempel der Hatschepsut neben dem Tempel des Mentuhotep. Das Tal galt stets als heilige Kultstätte der kuhgestaltigen Göttin Hathor und war als Höhlenheiligtum angelegt worden. Mentuhotep II. wählte ungefähr 2050 Jahre vor unserer Zeitrechnung diesen Ort für sein Grab aus und legte unmittelbar davor den Totentempel an. Mentuhotep galt als Einiger der beiden Länder, also Unter- und Oberägyptens. Auf dem Tempel, der heute kaum Sehenswertes bietet, soll er eine oberägyptische Pyramide erbaut haben. Der Bau war direkt an einem Berghang rampenförmig angelegt, so daß er auch die Funktion einer Himmelstreppe besaß. Die Felsenkapelle dieses Terrassentempels war der Göttin Hathor geweiht, und nördlich da-

Der faszinierende
Tempel
der Hatschepsut

von wurde unter Amenophis II. das schon be-
sprochene Kultbild der heiligen Hathor-Kuh
(heute im Ägyptischen Museum) aufgestellt.

Pyramiden streben wie die Obelisken der Sonne zu, um deren Gott Amun-Rê zu ehren, der
insbesondere als der Gott der Armen galt. So heißt
es von ihm: »...Du bist Amun, der Herr des
Schweigens, der kommt auf die Stimmen der Armen...«

Oder an anderer Stelle: »...Amun, der Beschützer der Stillen, der Erretter der Armen.«

Man spricht davon, daß nun die Religion der
Armen begann, denn was im Namen Amun-Rês
verkündet wurde, nahm das Volk bereitwillig
auf. Das ist Voraussetzung, um folgende Legende
zu verstehen:

**Die Legende von
der Geburt der
Hatschepsut**

Amun war der erste Gott, der mit einer irdischen Königin eine Tochter zeugte. Diese Tochter
erscheint in den Annalen als Tochter des Thutmo-

sis I. Der Bericht über Zeugung und Geburt besagt, daß dieser Pharao nicht der Vater sei, sondern Amun-Rê. Die Legendenschilderung muß allen bekannt vorkommen:

Die Hauptfrau des Pharao Ahmose war ausersehen, die künftige Königin zu gebären. So kam Amun-Rê in der Gestalt des Thutmosis I. zu ihr, um sie zu begatten. Ein Vorgang, den wir auch aus der – sehr viel später überlieferten – griechischen Sagenwelt kennen. Amun-Rê gab der Tochter den Namen Hatschepsut, was soviel aussagt wie die »Erste der Herrlichen«. Und es heißt weiter, daß Amun-Rê sprach:

». . . Hatschepsut ist nun der Name dieser meiner Tochter, die ich in deinen Leib gelegt habe . . . Sie soll diese segensreiche Königsherrschaft in diesem Lande ausüben . . .«

Als Hatschepsut herangewachsen war, wurde sie mit ihrem Stiefbruder Thutmosis II. vermählt, dem Sohn einer Nebenfrau des Thutmosis I. Dieser Gatte starb jedoch früh. Auf Betreiben der Priesterschaft wurde Hatschepsut als seine Nachfolgerin zur Pharaonin ernannt. Ob die Priesterschaft die Legende der göttlichen Abstammung erfand, um der schon in der Jugend als tatkräftig geltenden Königstochter auf den Thron zu verhelfen, wird wohl für immer ein Geheimnis bleiben, könnte sich aber so abgespielt haben.

Hatschepsut, die Friedensfürstin

Doch hätte der »Coup« nie gelingen können, wenn nicht der Gott Amun-Rê allgemein so beliebt und anerkannt gewesen wäre. Hatschepsut herrschte lange Zeit allein; sie gilt als die Friedensfürstin Ägyptens. Als Tochter eines »Gottes« entwickelte sie auf allen Gebieten großen Ehrgeiz und baute sich daher nördlich vom Tempel des Mentuhotep und nach dessen Vorbild ihre eigene Terrassenanlage, die heute noch alle Besucher, die vom Nil herkommend sich diesem großartigen Bauwerk nähern, begeistert.

Im Tempel der Hatschepsut findet man überwiegend Reliefdarstellungen. So in der Geburtshalle, in der die göttliche Geburt der Königin aus der Vereinigung von Amun als göttlichem Vater und Mutemuja als irdischer Mutter dargestellt ist. Hatschepsut stammte also aus einer göttlichen Familie, woher sie auch das Recht der absoluten Herrschaft ableitete. Die Zeugungsphasen wie der Geburtshergang – auch als »Heilsgeschehen« benannt – sind hier ebenso ausführlich zu sehen wie im Geburtshaus von Dendera.

Interessant sind die Darstellungen von Gott und Königin, der schwangeren Mutter sowie des schakalköpfigen Anubis, der dem Neugeborenen die Mondscheibe heranrollt, ihm also die Seele reicht und damit das Unsterbliche. Von der Geburtshalle führt eine Treppe (meist nicht offen) zur Anubis-Kapelle.

Anubis war der Totengott und damit auch Herr der Totenstadt. Er zeigt sich schwarz, gemäß der Farbe der Todesdunkelheit, und mit einem schakal- oder hundeähnlichen Kopf. In sehr vielen Gräbern kann man sehen, wie sich Anubis über den Toten beugt, als wolle er diesen in seinem Totenreich begrüßen. Er prüft, ob der Tote richtig einbalsamiert und mumifiziert wurde, denn Anubis war zusätzlich der Gott der Einbalsamierer. Auch beim Totengericht ist er meist anwesend, und sein Begleiter, der Anubishund, wartet auf die sündigen Herzen, um diese der Totenfresserin vorzuwerfen.

Anubis, der hundeköpfige Totengott

Die Geburtshalle führt zur Anubis-Kapelle und zeigt damit an, daß Geburt und Tod eng zusammenhängen. Deswegen wurde bei der

Ausmalung der Geburtshalle unten die dunkle Erdfarbe verwandt (Ägypten, das Land der schwarzen Erde, des schwarzen Nilschlammes) und oben das Blau des Himmels. So hält die Geburtshalle Himmel und Erde zusammen. Links außen in der Kapelle der Hathor des Hatschepsut-Tempels sollte der Besucher noch ein wichtiges Relief besichtigen, auf dem dargestellt wird, wie die Königin an den Eutern der Hathor-Kuh trinkt. Deren Sohn Ihi schaut ihr dabei zu.

Anubis begrüßt einen Verstorbenen in seinem Reich

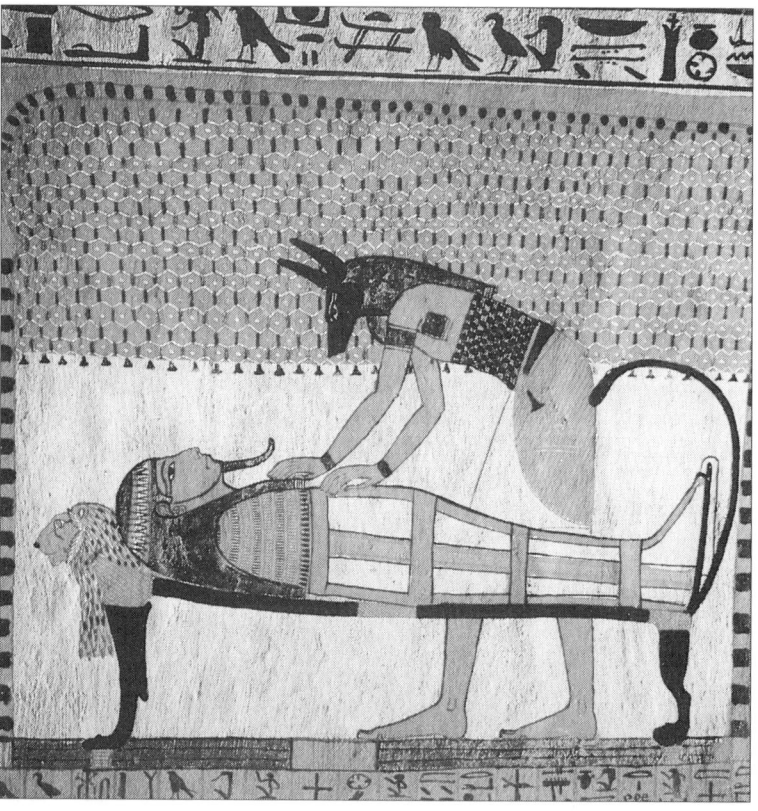

Zum Tempel der Hatschepsut führte einst ein Aufweg, eine Sphingen-Allee. Alle zehn Meter stand ein Sphinx, mit dem Haupt der Königin geschmückt.

Im Zusammenhang mit dem Tempel der schönen und tatkräftigen Hatschepsut darf der grenzenlose Haß nicht verschwiegen werden, von dem leider auch Ägyptens Herrscherdynastien nicht verschont blieben.

Thutmosis III., ihr Neffe und Stiefsohn, riß nach dem Tod seiner Halbtante die Herrschaft an sich und versuchte, durch die Entfernung von Bildern und Namen der Hatschepsut aus allen Inschriften an Tempeln und Gebäuden diese vergessen zu machen. Ja, selbst am Obelisk meißelte man ihren Namen aus und setzte teilweise dafür den Namen ihres Nachfolgers ein.

Nomen est omen galt schon damals – das Wissen also, daß der Mensch nur durch seinen Namen lebt, als Namenloser jedoch nichts gilt. Der Name unterschied ihn von den anderen Lebewesen und machte ihn den Göttern gleich.

Wer die Namen tilgte, löschte das Leben aus

Aber diesen ging es – und dies erscheint logisch – ebenso: Löschte man ihre Namen aus, glaubte keiner mehr an sie. Echnaton, der übrigens ebenfalls den Namen Hatschepsut ausmerzen ließ, wo er nur konnte, versuchte auch die alten Götter auszulöschen, indem sie nicht mehr angerufen werden durften. Sein Gott war Aton und nicht mehr Amun. Ohne Namen aber fielen die Götter der Vergessenheit anheim, sie starben. Ohne Namen ist Gott im Gebet nicht ansprechbar. Man braucht einen Gott nicht zu sehen, er kann ohne Bild sein, aber er muß doch angesprochen werden können, das ist das Entscheidende. Deshalb finden wir bei den Tempelinschriften immer wieder die Bezeichnungen der Götter, deren Charaktere

und Aufgaben sich verändern, wenn ihr Name
geändert oder mit anderen Namen von Lokalgott-
heiten vermischt wird. So gibt es viele Namen, die
mit Rê verbunden werden oder mit Horus. Sie
geben über die Gottheiten nähere Auskunft, lassen wissen, wann sie anzubeten sind, um ihren
Schutz oder ihre Unterstützung zu erhalten. Dabei ist es unwichtig, ob der Tempel groß oder
klein ausfällt.

Viel kleiner und bescheidener ist der Tempel im
Tal Deir el-Medîna. Es handelt sich um einen
kleinen Ptolemäer-Tempel, der als ein Heiligtum
für die Göttinnen Hathor und Maat errichtet wurde. Sehenswert wäre hier am Archivar über der
Schrankenmauer das Bild der vier Winde, also der
vier Himmelsrichtungen. Interessant, daß der
Südwind als vierflügeliger Löwe dargestellt ist.
Der Löwe galt immer als Tier der Sonne, nur
gelegentlich als Tier des Vollmondes. Er ist König
der Wüste, in der die Sonne nicht Segen, sondern
Dürre und Verbrennen bringt.

Darstellung der vier Winde

Der Nordwind wird durch einen vierflügeli-
gen und vierköpfigen Widder symbolisiert, dem
Tier, das die Dunkelheit überwindet. In der Astrologie beginnt das Jahr mit dem Eintritt der Sonne
in das Zeichen Widder, das ankündigt, daß nun
der Winter vorbei ist. Eine uralte Symbolik also.

Ein vierflügeliger Käfer mit Widderkopf versinnbildlicht den Ostwind – Symbol des Käfers,
der die Sonne durch die Nacht schiebt, so daß sie
am Morgen als Chepre geboren werden kann.

Bleibt der Westwind für die Himmelsrichtung,
da alles stirbt. Dieser Wind ist hier als ein vierflügeliger Seelenvogel mit Widderkopf dargestellt.
Gen Westen entflieht die Seele.

In der linken Kapelle (von dreien) finden wir

Links:
Der geheimnisvolle
Blick der Göttin
Hathor

das Totengericht. Die mit Federn geschmückten Wahrheitsgöttinnen führen den Verstorbenen in den Gerichtssaal. Hier betet er vor zweiundvierzig Totenrichtern. Die Götter Horus und Anubis wiegen das Herz, während Gott Thoth als Protokollführer fungiert. Im Hintergrund, auf der »guten Seite«, richtet Osiris mit vier Söhnen des Horus auf einer Lotosblüte. Die »schlechte Seite« wird durch die böse Gestalt eines Nilpferdes symbolisiert. Über dem Ganzen schweben der Nordwind und ein fliegender Geier, denn das Tor gen Westen führt zum Norden, so wie es der Gang der Sonne jeden Tag belegt. Leider wird dieses kleine Heiligtum in der Hetze des Tourismus den Besuchern kaum gezeigt.

Das magische Totengericht

Uns bleibt noch der südlichste Tempel von Theben-West: Mêdinet Hâbu.

Dieser, man kann wohl sagen, klassische Totentempel wurde auch an einer Stelle erbaut, die schon lange vorher als heilig galt. Hier stand der Überlieferung nach das Heiligtum eines schlangengestalteten Schöpfergottes, somit das Symbol für Sterben und Auferstehen. Die heutige Anlage stammt von Ramses III. – wohl als Kopie des Ramesseums.

Wenn der Besucher in Mêdinet Hâbu beim Allerheiligsten steht und durch die Tempelachse zurückblickt, kann er gut den allmählichen Anstieg des Bodens vom Vorhof bis zum Sanktuar erkennen. Hier wird der stetige Aufstieg vom Profanen zum Allerheiligsten, von der Erde zum Himmel, symbolisiert – was durch die niedriger werdenden Türen noch betont wird. Dieser Tempel bringt jedoch, und das ist das Markante an ihm, eine fast pikante Note nach Theben-West.

Wo die Toten liegen, da wird die Sehnsucht nach dem Leben immer vitaler, auch die Lust, sein

Die allseits geliebte
Katzengöttin in
Mêdinet Hâbu

**Mêdinet Hâbu:
Grausamkeit und
lustvolles Leben**

Schicksal auszuleben. Am Beispiel des Bauherrn dieses Tempels, Ramses III., läßt sich das gut nachvollziehen. Das Tempeltor erscheint schon als Unikum, da es eher wie ein vorderasiatischer Festungseingang wirkt – sogar mit einer Zinnenbekrönung versehen ist und von einem Turm überragt wird. Man sieht Gefangene des Königs mit schmerzverzerrten Gesichtern. Sieben gefesselte Gefangene stellen die besiegten Völker dar: Hethiter, Amori, Zaker, Sardinier, Beduinen, Tyrrhener und Philister. Man zählte die Toten, indem man ihnen die Hände oder die Phalli abschnitt, diese addierte und vor dem Pharao anhäufte. Vor dem Turm lagen mehrere Räume, in denen sich das lustvolle Leben des kriegerischen, martialischen Pharao abspielte. Diese Privatgemächer dienten seinen intimen Freuden mit Haremsdamen. Die Wandreliefs geben solche vertraulichen Zusammenkünfte gut wieder. Was sie verschweigen, ist die Tatsache, daß Ramses III. von neun dieser »Töchter«, wie sie schicklicherweise genannt wurden, ermordet wurde. Lustvolles Leben und qualvoller Tod nebeneinander: hier Haremsdamen, da martialisch behandelte Gefangene, intimer Lustverkehr, gekrönt durch einen Mord.

Links im ersten Hof ein »Erscheinungsfenster«, von dem sich der Herrscher huldvoll seinem Volk zeigte, wobei er auf den Reihen seiner eingemauerten Feinde stand. Makabrer kann das Thema dieser Gräbergegend, die wie eine tote Landschaft wirkt, nicht abgerundet werden. Hier erblickt der Besucher ganz deutlich den Übergang von Fruchtbarkeit zur Dürre, vom Grün zur Wüste, und er sieht, wo der Nil, und damit das Leben, machtlos ist.

Dieser Übergang ist fast überall nur *ein* Schritt.

So war der »Schritt über die Schwelle« von der
Natur vorgezeichnet. Die alten Ägypter hatten
diese Schwelle täglich vor Augen, von der Kindheit bis ins hohe Alter. Kein Wunder, daß sie sie
nicht zu schweren Herzens überschritten, wenn
die Zeit dafür gekommen war.

Aber sie ertrugen die Tatsache des Todes nur,
wenn sie alle Anstalten für ein Weiterleben getrof-
fen hatten. Sie waren, kulturgeschichtlich gesehen, wohl die ersten, die sich insgesamt als Volk
dem Ende des irdischen Lebens stellten. Sie wi-
chen dem Tod auch nicht aus, wie es heute noch
beim Übergang vom 20. zum 21. Jahrhundert
praktiziert wird. Das war mit ein Grund, daß
Theben-West zu einer gigantischen Nekropole
ausgebaut wurde. Spötter meinen, daß der Tod in
Ägypten vielleicht die größte Industrie darstellte,
die vielen Lebenden hohe Einkünfte bescherte.
Schließlich stammt auch die Talismanindustrie
aus Ägypten.

**Totenkult –
vielleicht auch
ein Geschäft?**

Hier gehörte der Talisman zum Leben; und zwar
in doppelter Bedeutung: Zunächst wurde er den
Toten mitgegeben, damit sie zu neuem Leben
kämen. Damals nannte man den Talisman Amulett. Millionen von Herzskarabäen wurden den
Toten ins Grab gelegt, dazu Ankh-Kreuze, kleine
Uschebtis (Figuren aus Holz, Ton oder Stein in
Mumienform) und Kartuschen sowie Glücksbringer. Da aber niemand sicher sein konnte, daß ihm
wirklich ein Todesbegleiter mit ins Jenseits gegeben wurde – denn es gab ja auch Menschen, die
sich davor fürchteten, daß Tote wiederauferstan-
den –, trugen die Älteren die Talismane bei sich.
So wurde später der Talisman auch für das irdische Leben benutzt.

Mögen auch viele über diese Sitte lächeln, die

**Talismane und
Amulette**

heute in Ägypten mindestens so verbreitet ist wie damals, und das Tragen solcher Glücksbringer als Aberglaube abtun – es steckten echter Glaube und Bescheidenheit dahinter: Der Mensch meinte, eben nicht alles allein gestalten zu können, er wußte, daß er um Hilfe der Götter oder anderer kosmischer Kräfte zu bitten hatte. Und er wollte seinen »kleinen Gott« immer bei sich haben, denn dieser erinnerte an die großen Götter; er dokumentierte das Eingeständnis, ihre Hilfe zu benötigen, um gut zu überleben. Später trugen die Menschen zwar keine Skarabäen mehr – einst die verbreitetsten Talismane –, dafür jedoch Halb-

*Ein Schmuckstück
als Talisman: Das
Ankh-Kreuz*

monde, kleine Buddhas, Ringe, Herzen, Kleeblät-
ter und Kreuze (wie einst Ankh-Kreuze). Die kleinen Symbole verbanden die Menschen mit den
Göttern, sie zeigten offen, daß man mit ihnen
einen Bund eingegangen war, so wie es heute die
Eheringe versinnbildlichen.

Ein Gaufürst aus dem Mittleren Reich hinter-
ließ folgende Inschrift, die für die allgemeine
Glaubensüberzeugung der alten Ägypter sprechen mag: »Ich habe Gott mit dem, was er liebte,
erfreut, wohlwissend, daß ich zu ihm gelangen
werde am Tage meines Todes.«

Aus späterer Zeit heißt es, daß »glücklich derjenige ist, der auf dem Wege Gottes wandelt«.

Und dies sind alles Überzeugungen des einzelnen. Es gab keine heiligen Bücher, in denen jeder,
etwa wie in der Bibel, im Koran oder der Thora,
nachlesen konnte, was er zu glauben hatte. Glau-
benslehren waren nicht buchstäblich vorgeschrie-
ben, sondern sie lebten in den Menschen, was
auch die vielen Gottheiten unterstreichen.

Nur für den Tod existierten Bücher: die schon
erwähnten Pfortenbücher, welche als Verhaltens-
anleitung für den Verstorbenen gedacht waren,
und der Totenpapyrus, Anduat genannt. Das Anduat ist jedoch im Gegensatz zum Pfortenbuch
keine Unterweisung, sondern eine Lehrschrift
über das, was in der Unterwelt vorgeht. Im Zentrum steht der Lauf der Sonne durch die Nacht,
eingeteilt in »zwölf« Fahrtabschnitte. Hier könnte
man an die Jahresgliederung in zwölf Mond-
(Monats-)Abschnitte denken sowie an die Folge-
rung: Ein Tag gleich ein Jahr. Der Sonnengott
fährt in einer Barke (Mondsichel) durch die
Nacht, und die Lebenden hofften, als Tote dort
mitfahren zu können, um, der Sonne gleich, ver-
jüngt wiedergeboren zu werden.

Von den weltlichen Bauten in Theben-West – den Residenzen, Palästen, Städten und den vielen Verbindungsstraßen, die nicht für Prozessionen angelegt wurden – ist heute nichts mehr erhalten. Womit sich die folgende Aussage bestätigt sieht: »Unsterblich ist nur, was für die Götter gebaut wurde, allein das überlebt, alles andere vergeht.«

Die Entwicklung der Tempel

Erstaunlich ist auch die Entwicklung der Tempel. Als die Orte noch klein waren, mit geringer Bevölkerungszahl, lebten die Götter in der Ortsmitte. Das war die früheste Zeit. Oft wurde die Anwesenheit eines Gottes durch einen Fetisch, eine Holzstange, einen Geröllhaufen angezeigt. Dem folgten dann geschnitzte Figuren, die schließlich mit tierischen Attributen wie einem Löwenschwanz, später vielleicht mit einem Löwenkopf geschmückt wurden. Danach baute man dieser Figur ein kleines Haus. Dieses bekam ein Tor, dann einen Torraum. Das Gottbild verschwand immer mehr aus den Augen in den hintersten Teil des Hauses, woraus sich das Allerheiligste entwickelte. Es folgte noch der Sokkel mit der Barke darauf – schon war ein kleiner Tempel geschaffen. Die Gottheiten wurden selbstverständlich umhegt, gekleidet, und man gab ihnen Nahrung, was viel später in den Tempeldienst einging.

Dann kamen Künstler, die die Arbeit fortsetzten, die durch Art des Kopfes und der Geschlechtsteile die Unterschiede der männlichen und der weiblichen Gottheiten betonten, aber die Eigenschaften der tierischen Kräfte in Form der Tierköpfe beibehielten. Später wurden um diese Gottes-Häuser größere Plätze angelegt, so daß heilige Bezirke entstanden, die wuchsen und wuchsen – bis zu den Monumentalbauten von Karnak und Luxor.

Der Urquelle entgegen

Bevor die Besucher Theben verlassen, mögen sie sich noch an ein Bild aus dem Grab Amenophis' II. im Tal der Könige erinnern, das man als Lebensweisheit verstehen kann. Es handelt sich um den stilisierten Kampf zweier Schlangen, die als Mondsymbole gelten. Die rote Schlange frißt die Zeit, aber die schwarze Schlange versucht die Zeit anzuhalten.

Die rote und die schwarze Schlange

So schlimm es dem einzelnen auch oft erscheinen mag, daß seine persönliche Zeit auf Erden oder die seiner Lieben so schnell gefressen wird, schlimmer ist es, wenn die Zeit stehenbleibt. Dann nämlich gibt es keine Entwicklung, keine Wiederkehr der Himmelslichter Sonne und Mond, keine Bewegung der Planeten, keinen auf- und absteigenden oder kreisenden Himmel, keine Auferstehung der Seele, die sich einen neuen Körper sucht, um sich weiterzuentwickeln, und damit keine Wiederkehr – in welcher Form auch immer. Alles stände still, und Stillstand ist wirklich Tod.

Auch dies wußten die Ägypter.

Im Tod noch erkennen, daß dieser notwendig ist, damit das Leben weitergeht, ja fortschreitet – diese esoterische Erkenntnis, dieses esoterische Wissen, das heute noch in uns lebt, das aber die meisten Menschen nicht wahrhaben wollen, weil das Geschehen heute mehr exoterisch, also äußerlich, abläuft als innerlich, das haben die Ägypter für uns in ihren Gräbern bewahrt. Hier finden wir die großen Spuren unserer seelischen Wurzeln, an die wir uns nun wieder erinnern können, ja erinnern müssen.

Gen Süden, in Richtung Assuan, begegnen uns zunächst Ort und Tempel Esna, wo der Tempel neun Meter tiefer liegt als seine Umgebung. Dieses Heiligtum findet meist keine Beachtung, man sollte auch lieber in anderen Tempeln wie Dendera, Abydos oder Edfu länger verweilen.

Der Tempel von Esna war dem widderköpfigen Gott Chnum geweiht, den wir in Assuan wiedertreffen werden, sowie seinen beiden Gemahlinnen Menhit, der Löwenköpfigen, und Nebet-Un. Von der Anlage ist nur noch die – allerdings recht prächtige – Vorhalle erhalten. Hier macht sich der römische Einfluß deutlich bemerkbar, dem wir von nun an – wie schon in Dendera – noch häufiger begegnen werden. Ungewöhnlich die vielen Hieroglyphentexte zu den religiösen Themen Weltschöpfung und Weltende, zu Tod, Jenseits und Auferstehung. Sie stammen jedoch bereits aus neuerer Zeit (250 nach Christus); es handelt sich um die letzten längeren Texte aus dem alten Ägypten in Hieroglyphenschrift. Es scheint damit ein kulturgeschichtlicher Schlußpunkt gesetzt worden zu sein. Nicht mehr der ägyptische Pharao steht im Mittelpunkt, sondern der römische Kaiser. Im Süden des Tempels ist es Titus, im Norden sind Trajan und Hadrian erwähnt. Die Kaiser Vespasian und Claudius haben sich auf dem Archivar verewigt, als »Herren der Hauptstadt Rom«, wie die Hieroglyphenschrift ausweist.

Mit den Römern beginnt eine neue Epoche der Kulturgeschichte

Man erkennt noch die priesterliche Geheim-
schrift, die Kryptographie, die hier so hoch ent-
wickelt war wie nirgendwo sonst.

Vorbei an kleineren Orten mit vielen Felsengrä-
bern führt die Straße nach Edfu – einem besonderen Tempel, der an der Stelle eines älteren
Heiligtums errichtet wurde. Hier soll auch, wie in
Kairo, eine der Kampfstätten zwischen Horus
und Seth gelegen haben. Dieser mythologische
Kampf beruht aller Wahrscheinlichkeit nach auf
einer realen kriegerischen Auseinandersetzung
zwischen verfeindeten Völkern. Als Nord- und
Mittelafrika auszutrocknen begannen, mußten
sich die Nomadenstämme, wollten sie überleben,
zu einer Ackerbau treibenden und bodenständi-
gen Bauernkultur wandeln, was nur links und
rechts vom Nil möglich war. So wurden diese
Völkerschaften auch mit der mythologischen
Kultur des alten Ägypten konfrontiert und gezwungen, sich mit ihr auseinanderzusetzen. In
der Folgezeit machten sie die am Nil vorherr-
schende Mythologie zu ihrer eigenen. Historiker
sind der Meinung, daß bereits um 3400 vor Christus ein fremdes Volk ins Niltal entweder einge-
fallen oder auch nur eingesickert sein mußte. Das
so entstandene Völkergemisch am großen Strom
schuf nun gemeinsam die pharaonische Kultur.

Die neuen Herren, die scheinbar stärker waren **Das »Gefolge des**
als die Einheimischen, wurden allgemein als »Ge- **Horus«**
folge des Horus« bezeichnet. Horus kommt vom
Wort »fern«, was stets den »fernen« Morgenstern
meint. Die Einheimischen oder die Eingeborenen
schauten dagegen zum Gott Seth empor, dem
Herrn der Wüste und Ankündiger der segensreichen Nilschwemme.

So bekommt die Osiris-Legende einen histo-

risch-realen Hintergrund, wie sich ja stets Dinge
der Erde mit himmlischen Mythen vermischt hatten oder auf Aussagen des Himmels bezogen
wurden.

So gut wie alle Mythen haben reale Abläufe auf
der Erde *mit* zur Grundlage, was nur später meist
umgekehrt gedeutet wurde, da dann die Mythen
die Ausgangslage und den Ausgang, also das
Ende, bestimmten. In den Mythen verbirgt sich
also auch ein historischer Ablauf der Geschichte
auf Erden.

Die Eindringlinge betrachteten sich nicht nur
als Halbgötter, sondern, da sie gesiegt hatten,
auch als die »Guten«. Die Verlierer waren »die
Bösen«. So ging die Würde des Königs und des
Gottes der Mythen auf den Sieger Horus über,
während der Verlierer, Seth, zum Bösen erklärt
wurde.

Der beeindruckende
Eingang zum Horus-
tempel von Edfu

Im nachhinein wurde jedoch, wie bei einer
nachträglichen Ehrung, die einiges gutmachen

sollte, auch Seth wieder mit positiven Attributen
versehen, so daß sich Pharaonen nach ihm benen-
nen konnten. Heute würden wir von einer Rehabi-
litierung sprechen. Damals jedoch, nach dem
mythischen Sieg des Horus, hieß es: ».. . Die glück-
lichen Zeiten sind wieder angebrochen, ein Herrscher hat sich wieder über alle Länder erhoben . . .«

An diesem Beispiel wird auch das Esoterische
dieses Landes deutlich, das ein stetes Ringen um
die Beziehung zwischen Mensch und Gott darstellte. Mit der Vielzahl der Götter – und wir
haben uns in diesem Buch auf wenige be-
schränkt – drückt sich auch der Versuch aus, Na-
tur- und Lebensereignisse zu verstehen und in
einem größeren, ja man kann sagen, tieferen Zusammenhang zu sehen.

Nur so waren scheinbar unfaßbare Erlebens-
und Erscheinungsformen halbwegs zu verstehen.
Heute geht es uns oft nicht anders. Dieses Verstehen benötigte seine Grundlage, benötigte die Antwort auf die Frage: »Woher kommen wir – wohin
gehen wir?« Die Antwort lautete: »Wir kamen
von den Göttern und gehen zu den Göttern.«

Im Tempel von Edfu ist das am leichtesten nach- **Edfu – ein**
zuempfinden. Er wurde, wie es zu griechisch-rö- **gewaltiger**
mischen Zeiten üblich war, erst nach hundert- **Tempelkomplex**
achtzig Jahren Bauzeit vollendet, im Jahr 57 nach
Christus.

Geweiht war das Heiligtum einer göttlichen
Triade: Horus, seiner Gemahlin Hathor und einem ihrer Söhne, Harsomtus. Auffallend ist zuerst die nah am Tempel gebaute Umfassungs-
mauer, die diesen gleichsam schützend umfängt,
so daß die Besucher zwischen Mauer und Tempel
wie durch eine enge Gasse laufen müssen. Die
Mauer verdeutlicht ausgezeichnet die Trennung

der profanen Außenwelt, der Erde, von der heiligen Innenwelt des Himmels, dem Reich der Gottheiten. Zudem vermittelt die voll erhaltene Dachabdeckung – es gibt sie in keinem anderen Tempel Ägyptens – das mystische Dämmern oder das langsame Abblenden des Lichts, wenn man vom hellen Hof ins Innere kommt und sich dem Allerheiligsten nähert. Ein einprägsames Erlebnis ist dann vor dem Allerheiligsten, am Sockel, auf dem die Götter-Sonnenbarke ruhte, im nur noch sehr schummrigen Licht der Übergang von der Helle der Tagessonne zur Dunkelheit der Nacht mit der plötzlichen Erkenntnis, daß dieser Übergang auch dem individuellen Leben gilt. Das verdanken wir allein diesem Tempel, der von allen antiken sakralen Bauwerken, also auch jenen außerhalb Ägyptens, am vollständigsten erhalten ist. Man könnte meinen, er könnte problemlos umgehend seiner sakralen Bestimmung wieder übergeben werden.

Von den einstigen Kultstätten des Hauptgottes Ihi sind keine Spuren mehr erhalten.

Horus, der Rächer des Osiris Der Tempel von Edfu war dem Horus geweiht. Der heilige See ist verschwunden, auf ihm baute die Bevölkerung der Umgebung ihre Häuser, auch hier vermutlich dem religiösen Drang nachgebend, auf heiligem Boden zu leben. Im Hof fällt der Blick zunächst auf den schwarzen Falken, der mit drohendem Schnabel das Heiligtum zu beschützen scheint. Dabei wird die Rolle des Horus als Rächer des Osiris besonders deutlich. Das wird durch Darstellungen im Tempelumgang unterstrichen, auf denen Horus gegen Nilpferde und Krokodile kämpft, die Seth symbolisieren. Diese Bilder wurden dann während der Mysterienspiele auch nachgespielt und dem Volk gezeigt, denn außer dem historischen Hintergrund wurde der

Kampf der Götter auch als Kampf des Lichts gegen die Finsternis verstanden. Ein späteres ewiges religiöses Leitmotiv, welches wir aus vielen
Religionen kennen, etwa aus der christlichen Lehre und der persischen des Zarathustra. Es ist ein
Motiv, das sich fast überall auf der Welt in den
Religionen bis heute wiederfindet.

*Auf diesem Hof
versammelten sich
die Massen zu Gebet
und Spiel*

    Wie in Dendera war nur der Hof für alle zu-
gänglich, der Tempel selbst durfte nur von der
Priesterschaft betreten werden. Ansonsten ist der
Tempel basierend auf der Tradition der Hauptheiligtümer Ägyptens gebaut, und auch die
Wandmalereien wiederholen sich mehr oder weniger. Reiseführer zeigen kurioserweise immer
gern ein Bild, auf dem die Göttin Hathor jeman-
den wie mit einem Catchergriff von hinten um-
faßt, als wolle sie ihn gewaltsam zu ihrem
Glauben bekehren. Dazu muß gesagt werden,
daß selbstverständlich nicht alle Künstler gleich-
wertig waren, auch unter ihnen gab es Talente
und weniger Begabte. Interessant ist noch über

dem Eingang zum Säulensaal, also nach dem Vestibül, ein Bild, auf dem zwei falkenköpfige Horusgestalten ein Sonnenschiff begleiten, während Thoth und die Schöpfungsgöttin Neith die Sonne verehren. Daneben stehen Ptolemäus IV. und die *vier* Sinne: Hören, Sehen, Geschmack und Verstand. Diese vier Sinne weichen sehr von unseren sogenannten fünf Sinnen ab, sie sind auch mehr symbolisch zu verstehen, sind aber die Gaben, die den Menschen auszeichnen *können*.

Das geheime Labor von Edfu Abzweigend vom Säulensaal gibt es noch eine kleine Kammer, die als geheimes Labor gilt. Hier wurden wohl viele Essenzen, Rezepturen, Parfüms oder kultische Salben hergestellt, was durch die Wanddarstellungen bestätigt wird. Damit wird eine weitere Verbindung zu Dendera überlegenswert: Dort wurden Kranke geheilt, um sie am Leben zu erhalten. Vielleicht war man sich beim Bau des Tempels von Edfu unter dem Einfluß von Griechen und Römern der Auferstehung nicht mehr so sicher, wollte recht lange das Leben genießen und tat alles dafür. Edfu und Dendera waren auch in einer anderen Beziehung eng verbunden, denn Horus wurde in Edfu alljährlich von seiner Gemahlin Hathor besucht, die aus Dendera anreiste. Ihr Aufenthalt dauerte fünfzehn Tage. Diese Zeit wurde im ganzen Land gefeiert. Überall, wo Hathor auf ihrem Hin- oder Rückweg Station machte, brach großer Jubel aus, da wurden ihr zu Ehren mit großem Aufwand und voller Lebensfreude Feste gefeiert.

Die alte Sehnsucht, endlich im Reich des Westens anzukommen, hatte offensichtlich nachgelassen. Auch waren sicher, zumindest bei den »Realisten«, den Verstandesmenschen – heute würden wir sagen: bei den Intellektuellen –, Zweifel aufgekommen, ob ein Weiterleben über-

haupt möglich war. Schon wurden Beweise dafür
verlangt, die natürlich nicht zu erbringen waren.
Die Überzeugung, der Glaube, das innere Wissen
reichten nicht mehr, die Einflüsse aus dem Norden (Griechen und Römer mit ihrem Skeptizis-
mus) zeigten Wirkung. Zwar brachte sich
Kleopatra noch durch einen Schlangenbiß um,
weil die Schlange als Mondsymbol die Auferstehung garantierte, aber die Gewißheit, die Sicherheit über den Eintritt ins Jenseits ließ doch nach.
Da gab es nur einen Ausgleich: die Feste zu feiern,
wie sie kamen, die Fleischtöpfe Ägyptens zu genießen, solange sie gefüllt waren.

Die Feiern fanden nicht wie in Griechenland **Viele Feste**
einmal im Jahr statt, sondern sehr häufig. Und **wurden hier**
Musik und Lärm übertönten die unbewußte **gefeiert**
Angst. Männer spielten den ganzen Tag die Flöte,
Frauen hielten Klappern in ihren Händen, man
sang gemeinsam und klatschte im Rhythmus in
die Hände. Alle Lustbarkeiten wurden voll aus-
gekostet. Wein half, eine ausgelassene Stimmung,
die jedes Denken unterdrückt, zu erzeugen.

Wer heute nach Edfu kommt, bemerkt am Eingang vor dem Tempel in bunter Pracht viele An-
denkenbuden. Diese vermitteln einen ungefähren
Eindruck von dem, was sich einst an Festtagen
vor dem Tempel abgespielt haben mag, da dort
damals schon Verkaufsstände aufgestellt waren,
die Wein und Eßwaren anboten.

Unter den einst so gläubigen Ägyptern tauchten
immer häufiger Zweifel bei den Hinterbliebenen
auf, denn es kam tatsächlich ja niemand wieder.
Manche mögen darüber sogar sehr froh gewesen
sein. So wurden die Bestattungsriten immer kar-
ger, übrig blieb ein zehntägiges Wasseropfer, so
wie bei uns heute Blumen auf die Gräber gelegt

werden. Man begnügte sich damit, den Namen des Verstorbenen hin und wieder auszusprechen. Der Name allein, wir haben das an anderer Stelle betont, ließ die Verstorbenen weiterleben.

Die Ägypter wußten mit der Zeit, daß die Toten genügend Grund hatten, zu befürchten, vergessen zu werden. Sie selbst hatten ja auch ihre toten Angehörigen schon zu Lebzeiten vergessen. Deshalb wurden die Kinder dazu erzogen, die Eltern nie aus ihrem Gedächtnis zu streichen, ihre Namen immer und immer wieder zu erwähnen. Mag sein, daß so die Sitte entstand, den Kindern den eigenen Namen zu geben, wie es heute auch bei uns getan wird, wenn auch dieser Name nur als Doppelname auftaucht. Die Bilder vom täglichen Leben, die wir in den Gräbern finden – von Vögeln, Weintrauben, Gänsen, den Erntearbeiten, den Gelagen, dem Genuß –, all das beweist, daß die Toten darauf keineswegs verzichten wollten. Es war ihnen zu lieb geworden, um es leichtfertig gegen eine Illusion vom Jenseitsparadies aufzugeben. Warum sollte verlorengehen, was geliebt wurde!

Das Diesseits wird wichtiger als das Jenseits

So kam die Zeit, da die Ägypter sich nicht mehr nach dem Jenseits sehnten, statt dessen das Diesseits genossen, womit der esoterische Gehalt ihrer Mythen abnahm, das gläubige Denken verflachte. Wie heißt es ironisch so schön: ». . . ihr Himmel war ihre Heimat, ihre Göttergärten lagen jedoch am Nil . . .«

Von all dem ist heute in Edfu nichts zu spüren. Die Besucher betreten den Bezirk vom Hof her, in dessen Mitte einst der Opferaltar stand, und sie lassen sich von der dämmerigen Atmosphäre des Tempels einfangen, da der Boden sichtbar ansteigt und die Decken sich auffallend senken. So

treffen sich die absteigende Himmelslinie (der
Himmel kommt zur Erde) und die aufsteigende
Erdoberfläche (die Erde strebt zum Himmel) am
Allerheiligsten. Hier, am Platz der Gottheit, steht
ein guterhaltener Granitstein, der Naos, der nun
schon bedeutungsvoller war als der Sockel für die
Sonnenbarke und in dem eine etwa fünfzig Zentimeter hohe Edelmetallfigur als göttliches Symbol stand.

So wurde zwar auch dieser Tempel noch zum
Abbild der Welt, von Kosmos und Erde, aber das
Hinübersegeln ans andere Ufer verlor an Bedeutung. Die Götter kamen zu den Menschen, die
Menschen nicht mehr in das Reich der Gottheiten.
Ein Prozeß, der sich selbstverständlich sehr langsam vollzog und zuerst wohl kaum bemerkt wurde – wie fast alle entscheidenden Veränderungen,
die Grunderkenntnisse umstürzen.

Vor der umfassenden Tempelmauer wurde der
Zugang zum heiligen Brunnen angelegt, der direkt mit dem Nilwasser verbunden war. Übrigens
verläuft die Nord-Süd-Achse des Tempels genau
parallel zum Nil. Das Heiligtum, das vorher hier
stand, hatte sich dagegen zum Strom hin orientiert, war also in der Ost-West-Achse erbaut. Die
Nord-Süd-Achse weist dagegen wiederum auf
den Tempel von Dendera. Hathor und Horus
waren eng verbunden, wenn auch die Isis stets in
den Herzen der Ägypter weiterlebte – obwohl
immer weniger Menschen meinten, dereinst zu
Osiris gelangen zu können. Die Mondreligion
verlor an Bedeutung.

Längst nicht so gut erhalten wie Edfu zeigt sich
die Tempelruine Kôm Ombo.

Dieses Heiligtum steht auf einem Hügel, herrlich an einer weiten Nilschleife gelegen und in

**Kôm Ombo –
zwei Gottheiten
geweiht**

seiner heutigen Gestalt aus der Ptolemäerzeit stammend.

Das Besondere ist, daß der Tempel von Kôm Ombo zwei Gottheiten geweiht war und daher auch zwei gleichwertige Teile (Schiffe – nicht Tempel) mit zwei Sanktuarien aufweist, die sich gegenseitig zu widersprechen scheinen, aber doch eine Einheit bilden. Eine Gottheit wurde Haroëris genannt. Haroëris ist falken- oder sperbergestaltig und verkörpert die Sonne bei ihrem Lauf durch den Tag. Die zweite, Sobek, hat dagegen die Gestalt eines Krokodils. Er symbolisiert den Weg der Sonne durch die Welt der Nacht. Beide Gottheiten sind also Sonnengottheiten und bilden eine Einheit. Am Tag fliegt die Sonne – falkenartig – am Himmel, während sie des Nachts in die Unterwelt absteigt, wo krokodilgestaltige Dämonen lauern, um diese zu überwinden und sich dabei zu verjüngen. Für beide Fahrten über den Tag- oder Nachthimmel standen auch diesen Gottheiten Barken zu, deren Sockel noch heute in den zwei Allerheiligsten vorhanden sind.

Der Tempel selbst ist völlig seitengleich gestaltet, das heißt, beide Gottheiten sind sich gleich und ebenbürtig. Jedes Schiff besitzt eigene Pforten und auch je einen eigenen Prozessionsweg. Hier gibt es je drei statt der üblichen zwei Vorsäle. Ansonsten die schon bekannten Wand- und Säulendarstellungen astronomischer Art oder von Geiern, die über die beiden Prozessionswege fliegen, sowie Segenshandlungen der Götter. Interessant ist eine Abbildung der vier Winde, deren Tiergestalten unseren Evangelistensymbolen entsprechen. Diese Symbole kehren ja auch später – wie schon erwähnt – in den griechischen (nicht ägyptischen) Sphingen wieder. Als die sehr breite Anlage errichtet wurde, mischten sich offenbar

*Rechts:
Kôm Ombo: Pforte
zum heiligen Nil*

schon andere Religionserfahrungen und Mythen mit den altägyptischen Legenden.

Man findet Abbildungen von chirurgischen Instrumenten, die jedoch zu Opferzwecken gebraucht wurden. Grausig dann wieder eine Darstellung, auf der der König als Löwe die Hände seiner Gefangenen frißt. Der Löwe galt ja auch immer als Sonnensymbol, und der König sah sich als Vertreter der Sonne. Wie die Sonne in der Wüste, die hier sehr nah ist, alles frißt, ja versengt, so handelt auch der König. Man sollte also stets versuchen, hinter die vordergründigen Abbildungen oder Darstellungen zu schauen.

Um das Heiligtum waren Becken verteilt, in denen lebende Krokodile gehalten wurden, die auch ihre eigenen Friedhöfe hatten. Die Reptilien wurden nach ihrem Tod einbalsamiert und mumifiziert. Einige der Tiermumien sind noch im ehemaligen Hathor-Tempelchen zu besichtigen.

Darstellung religiöser Bräuche

So vermittelt das Heiligtum von Kôm Ombo im

Gegensatz zum Tempel von Edfu noch sehr viel
Archaisches und auch Ursprüngliches, obwohl es
jüngeren Datums ist. Hier wurde bewahrt, was
einst tiefer Glaube und Ursprungswissen war.

Im alten Syene, dem heutigen Assuan, ist noch
einmal deutlich zu sehen, woher die Vorstellung
von der Schöpfung der Welt bei den alten Ägyp-
tern kam. Die Insel Elephantine ragt inmitten der **Die Insel**
Fluten des Nils, scheinbar von Elefantenrücken **Elephantine**
getragen, trutzig aus den Wassern empor. Elefantenland (Jeb oder Abo), auch Elefantenfestung
wurde das nicht sonderlich große Eiland genannt.
Aber die Namen stammen wahrscheinlich nicht
von den steinernen grauen Felsbrocken, die wie
Elefantenrücken aussehen und die Insel zu tragen
scheinen, obwohl dies auch möglich wäre, sondern weil hier mit Elefanten oder deren Stoßzäh-
nen, dem Elfenbein, gehandelt wurde.

Einst war hier, am ersten Katarakt (Stromschnelle), die Südgrenze Ägyptens. Alles, was
südlicher lag, wurde, obwohl politisch zu Ägypten gehörend, nicht mehr als ägyptisch angesehen. In der Antike und der Zeit davor lag auf der
Insel die Stadt Elephantine als festungsgleicher
Grenzort und Warenumschlagplatz.

Heute finden wir hier leider nur noch Reste des
Chnum-Tempels. Chnum wurde als Gott des Nil-
ursprungs angesehen. Aber es gab drei Vorstellungen über die Kräfte dieser Quelle, wobei es
weniger um das Wasser ging als darum, woher
der fruchtbare Nilschlamm kam.

Wer am ersten Katarakt steht (es gibt sechs, die
von Norden nach Süden gezählt werden, also
nicht in Richtung des Flußlaufs), der hat heute
noch plastisch vor Augen, daß hier eine Schiffahrt
unmöglich war. Außer für kleinste Boote ist der
Katarakt nicht passierbar.

Das Wasser des Stroms ufert an dieser Stelle sehr breit aus und sucht sich über Klippen und an Felsen vorbei seinen Weg. Die Ägypter vermuteten in den gurgelnden Strudeln des ersten Katarakts zwar die Nilgötter Mophi und Krophi, die sie für die Nilflut, auch für die Überschwemmungen verantwortlich machten; für den fruchtbaren Schlamm jedoch war der widderköpfige Gott Chnum zuständig, dem sie deswegen hier einen Tempel bauten.

Wir sind auf unserer Reise von Norden nach Süden immer wieder den zwei wesentlichsten Tiersymbolen begegnet: dem Stier (Apisstier) und dem Widder. Im Norden, in der alten Zeit, war das Bild des Stiers beherrschend, während seit Theben eher der Widder die wichtigste Rolle spielte, wenn auch neben der kuhköpfigen Göttin Hathor.

Der Wechsel vom Stier- zum Widderzeitalter Kulturgeschichtlich können wir auf Elephantine sehr gut den Wechsel vom Stier- zum Widderzeitalter verfolgen. Dieser Wechsel hat etwas mit den Himmelsbildern zu tun und ist astronomisch (nicht astrologisch) begründet. Die Alten schauten stets, vor welchem Sternbild (nicht, vor welchem Abschnitt des Tierkreises) die Sonne zu Beginn des tropischen Jahres aufging. Das war die Zeit der Frühjahrs-Tagundnachtgleiche, also der Frühlingsbeginn. Über 2600 Jahre ging zu dieser Zeit die Sonne vor dem *Sternbild* Stier auf. Aber im Kosmos steht nichts still, auch am Himmel nicht. Die »schwarze« Schlange, die die Zeit anhalten will, siegt nicht. So verschiebt sich der Himmel, den wir sehen, in 72 Jahren um ein Grad. Da der Kreis 360 Grad aufweist, kommt der Himmel erst in 360 mal 72 Jahren zu dem Ausgangspunkt zurück, da die Beobachtung anfing: das heißt in rund 2600 Jahren. Diese Zeitspanne wird auch das »Platonische Jahr« genannt. Ursache hierfür ist die Verschiebung der Erdachse, was wiederum auf die Gravitationswirkung von Sonne und Mond auf den massereichen Äquatorwulst der Erde zurückzuführen ist.

Kulturgeschichtlich war nun immer entscheidend, vor welchem der zwölf Stern*bilder* (noch einmal: nicht zu verwechseln mit den zwölf Abschnitten des Tierkreises, die dieselben Namen haben) die Sonne aufging, wenn Tag und Nacht gleich lang waren. Dabei muß betont werden, daß diese Tagundnachtgleiche in Ägypten nicht so wichtig ist wie im Norden der Erde, weil sie so nah am Äquator kaum ins Gewicht fällt. Doch der Frühlingsaufgang der Sonne (astrologisch: wenn die Sonne jedes Jahr um den 21. März auf null Grad Widder wandert) war stets von besonderer Wichtigkeit, und damit auch der Sternenhintergrund der Sonne, denn alles am Himmel hatte ja etwas zu sagen. So spüren wir in Ägypten den kulturgeschichtlichen Übergang vom Stier- zum Widderzeitalter noch heute.

Dieser Wechsel wird im übrigen auch im Alten Testament der Bibel sehr deutlich und umfassend betont:

Die Ära Ramses' II., der sechsundsechzig Jahre herrschte, entspricht in etwa der Zeit des Moses, der die Kinder Israels wieder aus Ägypten hinausführte. Und Moses führte einen erbitterten Kampf gegen den Stier als göttliches Symbol, dessen Anbetung sich im Tanz um das Goldene Kalb zeigte. Mit dem Auszug des Volkes Israel aus Ägypten führte Moses seinem Volk auch einen neuen Gott zu, den er Jahwe nannte. Jahwe war ein unteilbarer Gott, denn: ».. . Höre, Israel, der Herr, unser Gott, ist ein einiger Herr ...« Während

Moses' Kampf gegen den Stier als göttliches Symbol

Moses auf dem Berg Sinai verweilte, um die zwei Gebotstafeln von Gott zu empfangen, auf denen die Schrift Gottes eingegraben war, wurden die Alten des Volkes unruhig. Sie fühlten sich vom neuen Gott verlassen und wollten ihre alten Stiergötter nicht verärgern. So legten sie allen Schmuck, alle Edelmetalle zusammen und errichteten, wie von Ägypten her gewohnt, ein Standbild des Stiers, in der Bibel das Goldene Kalb genannt. Sie umtanzten dieses Symbol ihrer alten Gottheiten und riefen: »Das sind deine Götter, Israel, die dich aus Ägypten herausgeführt haben.«

Als Moses mit den zwei Tafeln zurückkehrte und den Tanz um das neue Heiligtum erblickte, geriet er in Zorn, schleuderte die Tafeln fort, zerschmetterte sie am Fuß des Berges, packte das Standbild, verbrannte es im Feuer und zerstampfte es im Staub. Damit war – biblisch gesehen – das Stierzeitalter zu Ende. In der Bibel wurde nun das Lamm Gottes wichtiger, das man Gott als Ersatzopfer darbrachte – was heute noch in unseren Osterbräuchen nachklingt.

Als Jesus vor rund zweitausend Jahren seine Jünger zu Menschenfischern erhob, begann das Bild der Fische zu dominieren. Zu Beginn des nächsten, des dritten Jahrtausends, wird das Sternbild Wassermann die Kulturgeschichte prägen. Die Sternbilder liegen so nebeneinander: Wassermann – Fische – Widder – Stier – Zwillinge und so fort. Nur bewegt sich die Präzession in entgegengesetzter Richtung, als wir die Sternbilder gewöhnlich aufzählen.

Der Wechsel vom Stier- zum Widderzeitalter wird außerdem durch den Widder in der Dornenhecke deutlich, den Abraham schließlich an seiner Sohnes Statt opferte (siehe Seite 41 f.).

Auf Elephantine begegnen wir nicht nur der Ur-
schöpfung, sondern besonders prägnant dem
Widderzeitalter. Der Widder ist ja heute noch in   **Der Widdergott**
der Astrologie das Symbol für die neue Frucht-   **Chnum**
barkeit, weswegen der Frühlingspunkt der Astrologen bei null Grad Widder liegt. Der Gott des
fruchtbaren Nilschlammes mußte folglich wid-
derköpfig sein. Der Widder war – wie schon in
Theben – zudem das heilige Tier des Gottes
Amun, genauso wie er für den nicht ganz so
bedeutenden Gott Chnum heilig war, so daß dieser sich mit dem charakteristischen Kopfschmuck
zeigte. Chnum jedoch erzeugte als Schöpfergott
Menschen. Dies tat er auf einer Töpferscheibe, ein
schönes Beispiel für das bildliche und anschauli-
che Denken der alten Ägypter.

Die Hieroglyphe für Macht und Ansehen zeigt
übrigens auch einen Widderkopf mit welligen
Hörnern. Hörner galten als Abwehr und Macht-
zauber, deswegen wurden sie in viele Kronen
eingearbeitet. So waren die Herrschenden sicher,
daß sie von magischen Kräften beschützt und
beglückt würden. Der Widder war das Tier der
Zeugung, er war mit der Sonne, der Schöpfer-
kraft, verwandt, denn diese ging zum Jahresbe-
ginn (der ja nicht identisch mit dem heutigen
Neujahr war) vor dem Himmelsbild des Widders
auf.

Vor der Nilschwemme, wenn das Volk um
Fruchtbarkeit betete, wurde der widderköpfige
Fruchtbarkeits- und Kataraktengott Chnum angefleht. Worauf dieser seine geheime Höhle im
mythischen Quellgebiet des Nils unweit von Elephantine im Dschungel der ersten Stromschnelle
öffnete und schwarzer, wertvoller Schlamm mit
der Nilflut gen Norden geschwemmt wurde, was
Fruchtbarkeit für die Ufer links und rechts vom

Die Nilometer –
3000 Jahre alte
Wasserstands-
marken

Strom zur Folge hatte. Dabei kam es auf die Höhe der Nilflut an, die durch sogenannte Nilometer gemessen wurde. Steigt der Besucher der Insel die Treppen zum Fluß herunter, kann er noch heute die Wasserstandsmarken erkennen, die vor dreitausend Jahren hier eingeschlagen wurden und die Plinius der Ältere so charakterisierte: »Bei 12 Ellen Hunger. Bei 13 Ellen Genüge. 14 Ellen Freude, bei 15 Ellen Sicherheit und bei 16 Ellen Überfluß.«

Es gibt auf Elephantine auch die sogenannte Hungersnotstele mit einem Text, der von einer siebenjährigen Dürre berichtet und durch den wir wieder an die Bibel erinnert werden: an die Traumdeutung des Joseph von den sieben fetten und den sieben mageren Jahren.

Dieser Gott Chnum konnte also einmal mehr, einmal weniger gnädig sein, er konnte strafen oder helfen. An seinem Verhalten vermochten die Priester abzulesen, wie die Götter die Lebensweise der Menschen bewerteten. Danach bestimmten die Mächtigen die Art und Höhe der Opfer, die zu erbringen waren.

In der Nähe der Ruinenreste des Chnum-Heiligtums finden sich noch Spuren eines Tempels, den jüdische Söldner zu Ehren Jahwes errichtet hatten. Dieses Bauwerk stammt aus der Perserzeit, also etwa 500 bis 300 vor Christus. Auch dies wieder ein Beleg dafür, daß die alten heiligen Orte ihre Bedeutung behielten und genau dort, wo die Tempel früherer Glaubensrichtungen standen, wiederum die der neuen Glaubensüberzeugungen errichtet wurden.

In Syene / Assuan fand auch die erste Erdmessung statt. Der Grieche Eratosthenes (275 bis 196 vor Christus) führte sie im zweiten vorchristlichen Jahrhundert durch. Eratosthenes hatte entdeckt, daß zur Zeit der Tagundnachtgleiche zweimal jährlich die Sonnenstrahlen senkrecht in einen Brunnen einfielen. (Wir befinden uns in der Nähe des Wendekreises des Krebses.) Von dieser Messung ausgehend, vermochte er den Erdumfang zu berechnen. Sein Ergebnis: Der Erdumfang beträgt 250 000 Stadien. Eine Stadie entspricht 164 Metern. Die Abweichung vom tatsächlichen Umfang beträgt knapp zehn Prozent – also eine außerordentliche Leistung.

Assuan – nahe dem Wendekreis des Krebses

Bei Assuan finden die Besucher auf mehreren Hangterrassen Felsengräber aus dem Mittleren beziehungsweise Alten Reich. Neueren Datums ist das Simeons-Kloster, im 7. Jahrhundert nach Christus von den Kopten errichtet, dann jedoch wegen Wassermangels aufgegeben. Spötter meinen, die Kopten hätten eben nicht an den Widdergott Chnum geglaubt, der deshalb seine Quelle, die zwischen den Felsen Mophi und Krophi (genannt nach den schon erwähnten Nilgöttern) gelegen haben könnte, verschloß.

Bedeutungsvoll scheint hier noch der Kalâbscha-Tempel, der nach seiner Rettung vor den Nilfluten leider schwer erreichbar ist. Es handelt sich nach Abu Simbel um die zweitbedeutendste Tempelanlage Nubiens. Der Bau zeigt gewisse Ähnlichkeit mit Edfu, wobei der Pylon jedoch schräg zur Tempelachse steht. Geweiht war er der nubischen Gottheit Mandulis (Horus ähnlich), die einmal im Jahr von Isis besucht wurde. Doch nun zu deren Heiligtum auf Philae.

Die Rettung des Isis-Tempels

Der Isis-Tempel steht nicht mehr auf der Insel Philae. Die Anlagen des zweiten riesigen Assuandamms haben die Insel im See untergehen lassen. Doch der Tempel wurde rechtzeitig gerettet – wenn auch nur bedingt. Noch vor Jahren, als das

Wasser stieg, konnte er nur von Booten aus besichtigt werden. Mit jeder Flut wurde er mehr verschlammt. Inzwischen ist er von rund 22 000 Tonnen Nilschlamm gereinigt und wurde fünfhundert Meter südlich von Philae auf der höher gelegenen Nachbarinsel Gelkia (Agilkia) wiederaufgebaut, wenn auch noch mit Nilschlammspuren. Die Hauptgöttin war hier, wie schon erwähnt, Isis, jedoch wurden mit ihr Osiris, Nephthys, Hathor, Chnum und Satis verehrt. Satis galt als Gott und Wächter der Nilquellen und Katarakte. Er ist mit Chnum verwandt, denn auch er töpfert und trägt eine Widderkrone mit einem gedrehten Gehörn. Außerdem war das Heiligtum aber vor allem dem Harpokrates, wie der junge Horus als Kind hieß, geweiht.

Da fast alle Tempel nach dem gleichen Grundschema erbaut wurden, ist es auch hier kein Wunder, wenn die Besucher über den sehr langen Tempelvorplatz staunen, der beidseitig von Kolonnaden eingerahmt wird. Der Tempelkomplex, vom Nil her schon sichtbar, vermittelt eine tiefe Feierlichkeit, der sich auch die Besucher, die mit dem Boot ankommen, kaum entziehen können.

Isis – »Mutter der Natur, Herrin aller Elemente« Isis trägt im Gegensatz zu den widderköpfigen Gottheiten eine Krone mit der Sonnenscheibe zwischen zwei Stierhörnern, welche die Mondsicheln (sterbend und auferstanden) symbolisieren. Sie, die mit ihrem Atem Leben einhauchen kann, war trotz Hathor- oder Nut-Kult die vertrauteste Göttin der alten Ägypter. Isis war *die* universale Göttin, von der es hieß:

». . . sie übertraf Millionen von Göttern . . .

. . . es gab nichts, was sie nicht gewußt hätte – im Himmel und auf Erden . . .

. . . Die Mutter der ganzen Natur, die Herrin aller Elemente . . .

*Philae: Der Tempel
der Göttin Isis*

. . . Anfang und Ursprung der Jahrhunderte . . .
. . . die oberste Gottheit . . .
. . . die Königin der Toten . . .
. . . die erste der Bewohner des Himmels . . .«
Diese Göttin war allmächtig. Und ihrem Wirken unterwarfen sich auch die Pharaonen. So zum Beispiel Ptolemäus IV.

Auf dem zweiten Pylon ihres Tempels auf Philae kann nachgelesen werden, daß das ganze Gebiet südlich von Elephantine allein Isis geweiht ist. Daher kamen auch sämtliche Erträge aus dieser Region ihrem Tempel zugute! Die Allmacht – so muß man es nennen – wirkte später weit über Ägypten hinaus. In fast allen Mittelmeerländern, besonders aber in Rom, betete man sie an. Daher wurde der Tempel auf Philae zum wahren Pilgerort, vergleichbar nur noch mit den Orten, an denen man heute (ob in Polen oder in Frankreich, in Österreich oder anderswo) zur Schwarzen Madonna pilgert.

Der Isis-Tempel ist ein großartiges Bauwerk und mit viel Liebe und Kunstfertigkeit erbaut. Die Kapitelle der langen Säulenhallen des Vorplatzes bieten unzählige Variationen von Blättern und Blumen als Zierde.

Die prächtige Anlage des Isis-Heiligtums Ist der erste Pylon durchschritten, wird das Geburtshaus sichtbar, ähnlich wie in Edfu und Dendera mit Bildern der Isis-/Osiris-/Horus-Legende, wobei sich der kleine Horus (Harpokrates) in der Gestalt eines Falken in den Deltasümpfen versteckt und von Isis genährt wird. Seine Geburt wird durch Chnum symbolisiert, der ihn auf einer Töpferscheibe erschafft. Dazu spendet der Himmel Anerkennung, während sich die Menschen der Erde über die Geburt freuen. Auf der Innenseite (vom Vorhof aus gesehen) des ersten Pylons ist eine Abbildung besonders bedeutsam: die vier Priester, die die heilige Barke der Isis zum Himmel tragen. Die mondsichelförmige Barke ist besonders gut herausgearbeitet. Der zweite Pylon ist kleiner und führt uns zum Innentempel, wo später eine justinianische Kirche stand. Man kann heute noch die Kreuzzeichen an den Wänden erkennen.

Dahinter beginnt der sich nach und nach verdunkelnde Gang, der zum Allerheiligsten führt, von manch anderen düsteren Räumen umgeben. Hier steht noch der Barkensockel, während viele Wandreliefs vom Nilschlamm zerstört sind, aber dadurch dem Raum eine eigenartige Aura verleihen – als wollte der Nil hier bewußt seine Spuren hinterlassen. Aus einer linken Kammer geht es zum Dach, auf dem wie in Dendera ein kleines Osiris-Heiligtum steht. Das sogenannte Hadrians-Tor wurde von 119 bis 138 nach Christus unter den römischen Kaisern erbaut und dem Osiris geweiht. Die Bilder weisen auf diesen Kult

*Großartiges Relief
einer Mondbarke*

hin. Interessant ist die Darstellung der Nilquelle:
Eine Schlange bewacht die Grotte des Nilgottes
Hapi, davor hockt eine bärtige Gestalt mit Frau-
enbrüsten. Vor der Höhle steht Hathor und gießt
Wasser in einen Bewässerungskanal, an dem ein
Ährenfeld wogt. Eine *Seele* (Vogel mit Menschenkopf) läuft über das Feld. Dies ist der Seelenvogel
des Osiris. An anderer Stelle ist Osiris als Mumie
dargestellt; von Krokodilen bewacht, erwartet er
die Auferstehung.

Wie wechselhaft das Geschick der Gottheiten
ablaufen kann, beweist der kleine Hathor-Tempel. Hier finden wir wieder den dämonischen
Beschützer der Schwangeren, Gott Bes, als himmlischen Harfenspieler (die Harfe galt stets als

himmlisches Instrument), als habe er hier auf seine Göttin Hathor gewartet. Das Tempelchen ist nämlich an der Stelle erbaut, an der die Göttin nach ihrer Flucht durch die Wüste wieder nach Ägypten zurückkam. Göttinnen wurden also vertrieben, mußten fliehen, und manche durften danach doch voller Freude (wie es die Bilder belegen) heimkehren, und ihr Wirken wurde wieder jubelnd begrüßt. Der Tempel der Isis sollte im Zusammenhang mit den beiden Inseln Philae und Bigge gesehen werden, denn zwischen ihnen liegt der Punkt, an dem der Nil nach Norden *und* nach Süden fließt. Dieses Phänomen bewirkten die einst so eigenartigen Strömungsverhältnisse am Katarakt; unzählige Gegenströmungen vermittelten den Eindruck, daß das Wasser tatsächlich

Hier blieb für die Andächtigen der Alltag zurück

nach Süden floß. Dieser Anblick mochte jeden
Betrachter verwirren. Kein Wunder, daß dann
hier auch die wahre Quelle des Nils vermutet
wurde. Und die soll genau da gelegen haben, wo
das linke Bein des in vierzehn Teile zerstückelten
Osiris der Legende nach begraben lag! Deswegen
war die kleine Insel Bigge ausersehen, ein Heiligtum des Osiris zu tragen. Hier ruhte der Gott
eingebettet in den Schatten eines Hains. Sein Grab
war von 365 Opfertischen umgeben – einer für
jeden Tag des Jahres –, und täglich mußten dem
Gemahl der Isis Milch- und Wasseropfer gereicht
werden. Das Wasser ist Symbol des irdischen, die
Milch Symbol des himmlischen Nil; beide, Wasser wie Milch, gehören zusammen.

Wasser – Symbol des irdischen Nil, Milch – Symbol des himmlischen Nil

Der himmlische Nil war die Milchstraße, wie
ja auch, um dies noch einmal zu wiederholen, die
Göttin Hathor einst als stehende Kuh am Himmel
angesehen wurde. Milch ist lebenspendend wie
kein anderes Nahrungsmittel, so wie der Nil
selbst, denn existierte er nicht, gäbe es auf Erden,
also an den Ufern des Stroms, auch keine Nahrung für Kühe und Stiere, für Widder und Menschen.

Damit nun ja nicht vergessen wurde, Osiris
täglich für die Schöpfung zu danken, hatten die
Priester des Horus seinem Vater, dem Osiris, jeden Tag auf einem anderen Altar ein Opfer dar-
zubringen. So geriet das Abaton, wie das Grab des
Osiris genannt wurde, zum Dreh- und Angel-
punkt für den Jahresablauf. Isis, als Witwe des
Osiris, kam nun alle zehn Tage von ihrem Tempel
auf Philae zum Abaton der Insel Bigge, um Trauer
über den Tod und das Geschick des Osiris zu
bekunden. Dieses Klagen am Tempel findet sich
in vielen Religionsriten wieder, man denke nur an
die Klagemauer in Jerusalem.

Wenn auch heute wie vor zweitausend Jahren der Isis-Tempel von vielen Pilgern und Schauenden besucht wird, so darf nicht vergessen werden, daß früher die Insel Bigge mit dem Abaton weitaus wichtiger war. Erst im vierten Jahrhundert vor Christus wuchs Philae in seiner Bedeutung. Bis dahin hatte man auf diesem Eiland »nur« die Göttin Hathor-Tefnut geehrt. Es waren also Ägypter, Ptolemäer und Römer, die Ägypten kurz vor der Zeitenwende den Isiskult zurückbrachten oder ihn erneuerten. Was in den Seelen der Menschen lebt, ist unsterblich.

Macht und Demut

An der mythischen Urquelle des Nils beginnt oder endet Ägypten. Von hier bis Alexandria reicht das schwarze Land, von Alexandria bis Elephantine kann man den Nil mit Schiffen befahren. Selbstverständlich dehnte sich der Machtbereich oft viel weiter, vor allem nach Süden, aus, aber die Ägypter betrachteten diese Gebiete, wie erwähnt, nie als ihrem Heimatland zugehörig. Nubien gehörte zwar zur Hälfte zu Ägypten, aber ägyptisch wurde es eigentlich nie.

Hier im Elefantenland spürt man denn auch naturgemäß schon starken nubischen Einfluß, der sich auch auf die Götter auswirkte. Wir sind dem nubischen Fruchtbarkeits- und Sonnengott, den die Griechen Mandulis nannten, im Tempel von Kalâbscha begegnet. In Nubien war Mandulis bekannter unter der Bezeichnung Malul von Talmis. Er kann auch als der nubische Horus angesehen werden, was wieder belegt, wie sehr doch die Völker ihre eigenen Götter prägen. Nubien wurde einst das Land der Geister genannt. Das Wort »Geister« besitzt jedoch nicht den Sinn, den wir heute diesem Begriff zuschreiben. Gemeint waren mit ihm die nur noch schemenhaft wahrnehmbaren Umrisse des Horizonts, so innerlich fern schien den Ägyptern dieses Land. Dabei ist dieses

Wort durchaus doppeldeutig zu verstehen, denn gerade den nubischen Zauberern schrieb man stets eine besondere Kraft zu – vielleicht, weil sie sich weitaus mehr als die Ägypter auf die Götter verlassen mußten.

Nubien – Land aus Wasser und Stein, aus Sand und Hitze

Nubien galt zudem als Land der Ruhe, ein Land aus Wasser und Stein, aus Sand und Hitze. Hier war der Nil *noch* nicht fruchtspendend. Fruchtbarkeit aber war das Entscheidende. Jedoch bauten die Ägypter von Assuan bis Abu Simbel eine stattliche Anzahl von Tempeln, die sich wie die Glieder einer Kette aneinanderfügten. Sie sind zum Teil versunken oder total zerstört, teilweise aber auch abgerissen und neu aufgebaut worden: Die Reste des Tempels Debod stehen heute in Madrid; das Heiligtum der Feste Buhen ist neben dem Museum von Khartum neu entstanden; der Kiosk von Kertassi wurde im Süden des Hochdamms bei Assuan wiederaufgebaut. Die Überbleibsel der Felsenkapelle von Abu Hoda sind jetzt in der Nähe von Abu Simbel zu sehen, der Felsentempel von Ed-Derr bei El-Amada.

Der Tempel von Wâdi es-Sebûa drohte ganz in den Fluten des durch den Assuandamm künstlich gestauten Sees zu versinken und wurde zwei Kilometer nordöstlich von seinem alten Standpunkt wiedererrichtet. Dieser Tempel, einst dem Gott Amun geweiht (der Name Per-Amun oder Haus des Amun zeugt davon), wurde später eine christliche Kirche, wobei man die alten Götter einfach übermalte, so daß nun Ramses II. nicht mehr altägyptischen Gottheiten opferte, sondern dem Apostel Paulus.

Alle Heiligtümer, Tempel und Felsenkapellen sind zwar typisch ägyptisch, was ihr Äußeres betrifft, dennoch wirken sie ohne den fruchtbaren

Nil mit seinen grünen Landstrichen an den Ufern in anderen Landschaften eigenartig fremd.

Das Wunder des Nils: Dicht neben der Wüste fruchtbares Land

Diese Heiligtümer galten früher als mögliche Stationen für die Sonnenbarken der Götter, insbesondere Amuns, falls er oder eine andere Gottheit sich zu den großen Tempeln von Abu Simbel übersetzen lassen wollte. In Abu Simbel fand die Baukunst Ramses' II. ihren gigantischen Höhepunkt. Vor mehr als dreitausend Jahren ließ dieser Pharao für sich und seine Frau je einen Tempel für »die Ewigkeit« errichten. Diese Bauten waren so unmittelbar an die Ufer des Nils gebaut, daß die Götter bei Hochwasser mit ihrer Barke direkt vor deren Eingängen anlegen konnten.

Die Monumentalbauten von Abu Simbel

Die Heiligtümer waren und sind nicht unumstritten. Einmal wegen der Größe der Figuren, dann auch, weil sich Ramses II. mehrmals wie ein Gott darstellen und wohl auch verehren ließ. Sicher ist, daß sich die Pharaonen als die Stellvertreter eines Gottes betrachteten, und, je länger sie lebten, desto mehr davon überzeugt waren, den Segen dieses Gottes oder der Götter zu besitzen. Schließlich mochten sie sich wirklich gottgleich vorkommen und ihre Macht mißbrauchen, indem sie sich dem Volke göttlich zeigten und die Gottesanbetung für sich beanspruchten. Jedoch weisen beide Tempel auch so viele Spuren inniger Frömmigkeit auf, daß daraus auf einen Einklang von Macht und Demut gefolgert werden kann. In Abu Simbel begegnen wir zum einen dem Wunsch, sich selbst zu verherrlichen, zum anderen aber auch der Sehnsucht, von den Göttern anund aufgenommen zu werden. Wir kennen dies, wenn auch nicht so gigantisch gestaltet, schon von Abydos, wo Sethos I. sich auch in der Götterreihe postierte. Die Pharaonen waren der Überzeugung, daß sie von den Göttern selbst zum Gott erhoben worden waren.

Daher bauten sie sich und ihren Göttern große Tempel, die weit im Land sichtbar waren und auch Respekt einflößen sollten. So wird der große Tempel am Eingang von vier zwanzig Meter hohen Kolossalfiguren Ramses' II. beherrscht, die vor der trapezförmigen Fassade sitzen. Ganz oben hocken in langer Reihe Paviane, die nach Osten blicken und die aufgehende Sonne anbeten.

Die großen Tempel: Hinwendung zum aufgehenden Licht

Die beiden großen Tempel von Abu Simbel waren genau nach Osten ausgerichtet, also dem aufgehenden Licht zugewandt. Die vier Ramsesfiguren stellen eine künstlerische Meisterleistung dar, zumal sie dem Herrscher selbst ähnlich sind, wenn man zum Vergleich seinen Mumienschädel im Profil betrachtet. Allerdings hat eine der Statuen bereits früh ihren Kopf verloren. Irgendwann in der zweiten Hälfte der Regierungszeit löste sich vom zweiten Koloß (von links) das obere Stück und stürzte vornüber, so daß das Gesicht

völlig zerstört wurde. War es ein Erdbeben, oder
lag es an einer Felsspalte, die sich plötzlich ver-
breitert hatte? Felsrisse gab es genug, viele wurden mit Gips und Farbe überdeckt.

Was mag in den Menschen damals vorgegan-   **Ein Omen für**
gen sein, als sie den Einsturz bemerkten? Schrek-   **den Pharao?**
ken und Entsetzen müssen sie befallen haben,
denn ein gutes Omen konnte diese Zerstörung
kaum gewesen sein. War es eine Warnung der
Götter für den Pharao, sich nicht zu überschätzen,
sich nicht mit ihnen gleichzusetzen? Wir wissen
es nicht, aber die Vorankündigung vom Zerfall
des Pharaonenreichs kann dieser Vorfall schon
gewesen sein, oder eine Mahnung, sich bauhei-
dener zu geben.

Damals wurde der Königshof sogleich benach-
richtigt. Architekten und eine Armee von Arbei-
tern machten sich auf den Weg, die Figur wie-
deraufzurichten und den Schaden zu reparieren.
Umsonst, wie heute noch zu sehen ist. Der mächtige Kopf liegt unten zu Füßen des zerstörten
Kolosses. Auch im Innern waren große Schäden
zu verzeichnen. Riesige Risse hatten sich gebildet.
Wieder tauchte die Frage auf: Lag es daran, daß
sich Ramses als Skulptur neben denen von
Amun-Rê, Rê-Harachte und Ptah verewigen
wollte?

Diese Skulpturen waren so aufgestellt, daß   **Die großartigen**
zweimal im Jahr, zur Tagundnachtgleiche (Früh-   **Berechnungen**
jahr und Herbst), der erste Sonnenstrahl am Mor-   **der Tempelbauer**
gen genau durch die Achse des Tempels ins
Allerheiligste, also sechzig Meter tief in den Berg
hineinfiel und die Statuen erfaßte – bis auf eine.
Der links sitzende Gott Ptah durfte nicht ins Licht
fallen, denn als Herrscher über die Unterwelt hatte er im Dunkel zu bleiben. Welche tiefe Symbolik
ist hier zu erkennen, und welche gekonnten Be-

rechnungen halfen dieser Symbolik zum Erfolg! Die Risse im Innern traten nämlich mehr in der vorderen Halle, dem Saal mit den Osiris-Säulen, zutage; und eine dieser Säulen war in Stücke zersprungen. Auch hier stürzte das darauf angebrachte Bild zu Boden, wurde aber später sorgfältig erneuert. Heute meinen die Fremdenführer, daß dieser Vorfall im Tempel in erster Linie die Feinde Ägyptens warnen sollte. Gewarnt wurden jedoch die Herrscher und Priester Ägyptens, und die Geschichte bestätigt uns, daß der drohende Hinweis verstanden wurde, denn das Reich zerfiel damals noch nicht. Das geschah erst viel später, als das Ereignis von Abu Simbel wohl wieder in Vergessenheit geraten war.

Immerhin ließ Ramses II. nicht nur sich viermal (Sinnbild für jede Himmelsrichtung?) aus dem Berg heraushauen und modellieren, sondern oberhalb und in der Mitte in einer Nische den Gott der aufgehenden Sonne, Rê-Harachte, mit Sperberkopf und Sonnenscheiben. In seiner linken Hand hält er ein Zepter mit einem Hundekopf, in der Rechten Reste einer Maatfigur. Hier allerdings offenbart sich doch wieder die Gefahr der Selbstüberschätzung, denn die Namen des Hundes »User«, der der Göttin »Maat« und jener des »Rê« ergeben den Krönungsnamen (Vornamen) von Ramses II. Zwischen seinen Beinen erkennen die Besucher die Statuen seiner Frau Nefertari, seiner Mutter sowie die mehrerer Töchter und Söhne (Ramses soll mehr als zweihundert Kinder gehabt haben). In erster Linie wird damit gezeigt, daß die ganze Familie den Sonnengott erwartet, anbetet und auf dessen Segen hofft.

Macht und Demut liegen also ganz nah beieinander, scheinen sich sogar zu befehden, aber die demütige Frömmigkeit dürfte letztlich gesiegt ha-

ben. Dies belegt die Geschichte, denn der Bau des
Tempels erfolgte in den Jahren 1298 bis 1231 vor
Christus. Er begann genau in jenem Jahr, in dem
der dritte Sohn von Ramses II. starb. Dieser Sohn
ist noch dreimal auf den Reliefs abgebildet, und
zwar ohne den in jener Zeit üblichen Zusatz, daß
er verstorben sei.

Anzunehmen ist also, daß der Sohn mit diesem   **Eine »politische«**
Tempel weiterleben sollte. Fertig wurde das Bau-   **Hochzeit**
werk in dem Jahr, in dem Ramses II. eine hethiti-
sche Prinzessin ehelichte. Es ist zu vermuten, daß
diese »politische« Heirat erst stattfand, nachdem
der Tempelbau beendet war. Eine Stele berichtet
über diese Hochzeit, sie steht jedoch außerhalb
des Tempels, weil innen für sie kein Platz mehr
vorhanden war. Diese Hochzeitsstele, die die Ver-
mählung mit der ältesten Tochter des Hethiterkö-
nigs Chattuschili schildert, steht am Fuß der
linken, am besten erhaltenen Ramsesfigur. Auf
ihr ist dargestellt, wie Ramses II. zwischen Ptah
und dem Gott des östlichen Deltas seine neue
Gemahlin Naahor-Neferurê empfängt. Wie immer in den ägyptischen Tempeln steigt der Fußboden leicht an, senkt sich die Decke bis zu dem
Punkt, an dem sich Himmel und Erde berühren.
In der ersten Halle sehen wir, wie Ramses fünfmal
vor den Göttern steht, daneben fast grausige Bilder, die schildern, wie schreckenerregend der König mit den Gefangenen umging: Er tötet die
Feinde vor Amun, und danach räuchert er dan-
kend vor den Göttern.

In der zweiten Halle umarmen die Götter den
König, der dafür vor der heiligen Barke Weih-
rauch verbrennt. Stets die gleichen Bilder: Szenen,
die Macht, aber auch Unsicherheit andeuten, weswegen sich Ramses so oft mit den Göttern zeigt.
Ramsesmanie hat man dies genannt, da nicht si-

cher ist, ob Ramses II. mehr Kinder oder Statuen hinterlassen hat. Die Angst des Königs war wohl groß, eines Tages wegen dieser prahlerischen Schilderung für immer ausgelöscht zu sein. Ein Goliath von gigantischen Ausmaßen mit übersteigertem Selbstbewußtsein, der sich nach der Gnade der Götter sehnt. Ramses schuf sich seinen eigenen Mythos, als er sich allein mit seinem Wagenlenker, eingeschlossen von zweitausend Feinden, an seinen Vater Amun wandte und um dessen Hilfe bat. Wer den Göttern vertraut, dem wird geholfen – Macht und Demut.

Ramses – Schöpfer seines eigenen Mythos

In Wahrheit war die Schlacht um die Festung Kadesch – um die es sich handelt auf der Darstellung – nämlich kein Sieg, sondern ein diplomatisches Remis. Die Hochzeit besiegelte dieses Unentschieden; auch die Bäume des Ramses II. wuchsen nie in den Himmel, wenn auch seine Beine an der Tempelfassade wie Bäume gestaltet sind. Mag sein, daß wegen dieser angeberischen Schilderung eines historischen Ereignisses der Tempel nicht unter einem so guten Stern stand. Heute wäre er völlig im Assuansee versunken, wenn er nicht durch weltweite Hilfe einen anderen Platz gefunden hätte.

Der zweite Tempel ist bescheidener und kleiner. Ramses ließ ihn für seine Lieblingsgemahlin Nefertari (auch Nofretari geschrieben) und zu Ehren der Göttin Hathor errichten. Er liegt nördlich vom Ramses-Tempel und war früher weiter von ihm entfernt, als man ihn heute wiederaufgebaut hat.

Der Tempel ist beeindruckender, weil demütiger, wenn auch vor der zwölf Meter hohen, pylonähnlichen Fassade in Nischen sechs je zehn Meter hohe Kolossalstandbilder stehen. Die Riesenfiguren stellen zweimal die Königin zwischen zwei Standbildern des Königs dar, wie sie sich der Sonne, der obersten Gottheit also, zuwendet. Das ist bedeutsam, denn eine Frau auf einer Tempelfassade, das gab es bis dato nicht; so einer Königin mußte ein ganz besonderer Rang zugeschrieben worden sein, und die Götter haben das sogar geduldet. Drei Türen führen innen zum Allerheiligsten, wo sich der Kopf der Hathor-Kuh befindet, der das Haupt des Königs darunter beschützt. Hier zeigen die Wandbilder nur Opferszenen des Königspaares. Alles war in Goldgelb gehalten, um die »Goldene«, ein Beiname Hathors, zu ehren.

Die Tempel der Lieblingsgemahlin

Das bedeutsamste Bild findet sich jedoch in der Vorkammer, auf dem Isis und Hathor der Königin, die das Ankh-Kreuz, das Lebenskreuz, trägt, Sonnenscheibe und Krone aufsetzen und sie damit als Göttin aufnehmen. Sicher wollte Ramses hier symbolisch einer »heiligen Hochzeit« ewige Gültigkeit geben.

Deswegen sind auch beide Tempel als eine Einheit anzusehen. Gemeinsam dokumentieren sie Macht, zwar verbunden mit Demut, aber diese tritt doch sehr zurück. Und wo Demut keinen Ausgleich mehr für Macht schafft, da verflüchtigt sich Macht mehr oder weniger schnell, womit nicht einmal allein die von Ramses II. gemeint ist, sondern die der Pharaonen schlechthin. Nach Ramses II., der 1224 vor Christus starb, zerbrach das Reich der Pharaonen – im Verhältnis zur vorhergegangenen Zeit – sehr rasch. Der Verfall begann erst langsam, nahm aber ab 1085 rapide zu.

Die zwei Tempel zeigen uns das Mißverhältnis von exoterisch und esoterisch. Das Exoterische überwog nun, der Schein war wichtiger als das Sein. Heute imponiert in Abu Simbel das Äußere

Exoterisch und Esoterisch

derart, daß das Innere fast übersehen wird, obwohl es durchaus stark vorhanden ist. Vor allem die Kolossalstatuen werden bewundert und sind heute Wallfahrtsstätten des modernen Massentourismus. Früher pilgerten die Völker in erster Linie zu ihren Göttern und nicht zu Kolossen von Menschen, die Götter sein wollten. Ein wenig erinnert dies an unsere Zeit, da die meisten von uns auch mehr Wert auf das Äußere als auf das Innere legen.

Das innere Leben der alten Ägypter drückte sich in ihren Tempeln aus, wobei diese nur sehr bedingt mit unseren Kirchen gleichzusetzen sind. Der Tempel war nie ein Ort, an dem man sich versammelte, um einen gemeinsamen Gottesdienst abzuhalten. Auch ging kaum jemand zu einer stillen Andacht, ja, der gewöhnliche Sterbliche konnte gar nicht, wenn er kein Priester und damit Eingeweihter war, zum Altar oder auch nur zur Barke am Allerheiligsten vordringen. Der

Tempel – Stätten des Priesterkults

Tempel war eine Stätte des Priesterkults, und nur die Priester hatten Anteil am dortigen Leben. Priester, die auch Astrologen waren, denn die Heiligtümer symbolisierten (wie schon des öfteren betont) das Eingebundensein in den Kosmos. Rekapitulieren wir: Die Pflanzensäulen stellten und stellen den Ursumpf dar, die Decke symbolisiert den Himmel und der erhöht gelegene Kultbildraum den Urhügel. Das Gottbild – Mittelpunkt des Heiligtums – war an der dunkelsten Stelle des Tempels aufgebaut. Der Gott war da, blieb aber im dunklen Raum oder tief im dunkel der Seele des Gläubigen. Denn die Götter lebten ja *im* Menschen, nicht außerhalb. Die heutigen Hauptaltäre stehen dagegen meist im Licht und an erhöhter Stelle im Längsschiff der Kirchen.

Zum Kultbildraum mit dem Gottsymbol, das

meist aus Edelmetall gestaltet war, hatten nur die
höchsten Priester Zugang, die der Götterstatue
ihre morgendlichen und abendlichen Rituale dar-
brachten. Die einzelnen Menschen brauchten gar
nicht in den Kultbildraum, um ihren Göttern nahe
zu sein. Die Mythen der Götter waren für die
Menschen keine Märchen vom himmlischen Leben, sondern persönliche Erfahrungen der Vergangenheit und Gegenwart.

Sie enthielten innere Wahrheiten und Weishei-
ten, inneres Wissen. Und dieses esoterische Wissen wurde bewahrt und nicht – wie wir heute
sagen würden – an die große Glocke gehängt. Es
war auch ein Wissen, das jeder für sich verinner-
lichte – über das bestenfalls im engsten Kreis
geredet wurde.

Priester besaßen spezielles Wissen, das sich **Das große Wis-**
später in den Geheimwissenschaften offenbarte, **sen der Priester**
die aber nur Eingeweihten zugänglich waren. Da- **offenbarte sich in**
zu gehörte die Astrologie, aber auch die Magie. **den Geheimwis-**
Dazu gehörten im Krankheitsfall Beschwörun- **senschaften**
gen, die auch der Reinigung von Körper, Geist
und Seele dienten. Es gab Horoskope, mit denen
zwischen guten und schlechten Tagen unterschieden wurde, wobei meist die Konstellationen des
Himmels, die die Grundlage aller Mythen waren,
diese Tage bestimmten. Die Mythen jedoch wurden stets im Zusammenhang mit dem Ablauf der
Geschehnisse im Nilland gesehen. Diese waren
aber so vielfältig, so individuell, daß *eine* Gottheit
allein diese Himmel-Erd-Vergleiche gar nicht zu
symbolisieren vermochte. Daher wurden viele
Gottheiten und Lokalgötter verehrt. Denn daß
alles vom Himmel abhing, was sich tief im dunklen der Menschen abspielte, war eine Grundge-
wißheit, die nie angezweifelt wurde. Erst als sich
die Menschen (die Pharaonen) mit den Göttern

gleichsetzten, ja, sich über sie erhoben, wankte auch die Gewißheit, daß alles vom Himmel abhängig war, womit das Esoterische an Kraft und Bedeutung verlor und statt dessen das Exoterische sich zum Ansporn des Handelns entwickelte.

Es ist oft gesagt worden, daß im Grunde die Magie für den Niedergang der ägyptischen Götterwelt verantwortlich gewesen sei. Da ist viel Wahres dran, denn Magie vertraut auf die eigene Kraft, auf die eigenen Worte und Handlungen, die zum Erfolg führen, wenn keine Fehler begangen werden. Magie meint, selbst die Götter zwingen zu können, und daher stehen sich Magie und Götterkult extrem, ja eigentlich feindlich gegenüber. Magie ist letztlich durchschaubar, da sie nicht göttlich ist. Das Urgöttliche jedoch bleibt das große Geheimnis. So wird Magie exoterisch, das Göttliche jedoch bleibt esoterisch. Daher ist es sicher kein Zufall, daß der Gott Amun zum Hauptgott wurde, denn Amun hieß auch »der Verborgene«.

Magie wird exoterisch, das Göttliche bleibt esoterisch

»Das Göttliche bleibt stets hinter Schleiern verborgen.« Damit spricht dieses Wort eine Urwahrheit aus.

Wir sind bei unserer – inneren – Reise durch Ägypten von Kairo bis Abu Simbel – die anderen Gegenden oder Städte vermitteln kaum zusätzliches Wissen, dem wir speziell nachspüren wollten – so vielen Göttern und Symbolen begegnet, daß wir diese hier alphabetisch geordnet noch einmal der Übersicht wegen aufzählen möchten, wobei wir uns auf das Wesentlichste beschränken. Esoterik heißt auch Beschränkung, jede ausufernde Esoterik wird zur Exoterik. Wir haben jene Götter nicht erwähnt, deren Heiligtümer

nicht mehr existieren, deren Spuren wir also nur
schwer folgen können. Aber alle Gottheiten leben
ja in den erwähnten Göttern weiter. Von ihren
Kräften, ihrem Wissen, ihrer für die Menschen
wichtigen Substanz ist nichts verlorengegangen.

Die Hauptgötter in der Übersicht

Amun (Amon)
Einst Lokalgott von Theben, dann Fruchtbarkeits-
und Lichtgott. Mit Rê verschmolzen zu Amun-Rê.
Als Gott der »Achtheit« von Hermopolis »der
Verborgene«. Mit Widder- oder Menschenkopf
dargestellt. Späterer Reichsgott. Haupttempel:
Karnak. Mit Mut und Chons bildet er die theba-
nische Triade.

Anubis
Sohn des Osiris aus einer Verbindung mit
Nephthys, der Schwester der Isis. Schakal- und
hundsgestaltiger Nekropolen- und Totengott:
»der Balsamierer des Leichnams« oder »der mit
der Mumienbinde«. Bewacht als schwarzer Hund
die Türen der Felsgräber. Liegt oft auf einer Mastaba (Grab).

Apis
Symbol der Fruchtbarkeit. Trägt als Stier die Sonnenscheibe und die Uräus-Schlange, die kampf-
bereite Kobra, zwischen seinen Hörnern. Wird
die »herrliche Seele des Ptah« und das »beseelte
Bild des Osiris«. Steigt zum Totengott auf. Hauptheiligtum: das Serapeum in Sakkara.

Atum (Aton)
Die Sonne als Naturereignis. Der einzige Gott der
Echnatonzeit. Dargestellt als Sonnenscheibe, von
der Strahlen ausgehen. Treffen diese Strahlen die
Nase, heißt das, daß der Gott Leben spendet.
Hauptheiligtum: Amarna.

Bastet
Die fröhliche Göttin der Liebe und Freude. Gegenpol zur grimmigen Sechmet. Menschengestalt
mit Katzenkopf oder hoheitsvolle große, hockende Katze. Hauptheiligtum: Bubastis.

Bes
Halbgott und Schutzgeist der Gebärenden. Er ist
ein furchteinflößender Satyr mit heraushängender Zunge. Bilder hauptsächlich in den Geburts-
häusern (Mammisi), vor allem in Dendera.

Chepre
Als Skarabäus gedachter Gott der Urzeugung.
Schiebt die Sonne durch die Nacht und verkörpert
die aufgehende Morgensonne. In allen Tempeln
und in fast jedem Grab dargestellt.

Chnum
Schöpfergott. Er erschafft die Menschen auf einer
Töpferscheibe. Gilt in Elephantine als Chnum-Rê
mit Widderkopf und doppelt gedrehtem Gehörn
zusammen mit den weiblichen Gottheiten Anukis
und Satis als Wächter der Nilquellen und Katarakte, wacht besonders über den Nilschlamm.
Haupttempel: Elephantine.

Chons
Mondgott mit Menschengestalt und Falkenkopf,
mit Mondscheibe und Mondsichel. Kann Dämo-

nen austreiben und Wahn heilen. Hauptheiligtum: Karnak.

Hathor

Wörtlich »Haus des Horus«. Himmelsgöttin, Baumgöttin, Göttin der Liebe, der Musik und des Tanzes. Jedoch auch Schutzgöttin des Wüstengebirges, der Toten. Genannt »die Glänzende«, »die Leuchtende«. Man dachte sie sich als kuhgestaltig oder als Frauenkopf mit Kuhohren. Oft in der Identität völlig mit Isis verschmolzen. Hathor ist auch das »Gold« unter den Göttern. Alle späteren, nach der griechischen Göttin Aphrodite benannten Plätze waren vorher Hathor-Kultstätten. Hauptheiligtum: Dendera.

Horus

Einer der ältesten Götter. Nach der Legende der Sohn von Osiris und Isis. Falkenköpfig oder ganz in der Gestalt eines Falken. In Verbindung mit Rê wurde er auch Sonnengott. Als Götterkind Harpokrates genannt. Dann Rê-Harachte, das »Haus im Horizont«, damit auch der Gott des Morgensterns. Wenn er älter ist, heißt er auch Haroëris, wie in Kôm Ombo. Seine vier Kinder gelten als Sinnbilder der vier Himmelsrichtungen. Hauptheiligtum: Edfu.

Isis

Muttergöttin, Gemahlin und Schwester des Osiris. Mutter des Horus. Beliebteste Göttin der Ägypter.
Oft dargestellt mit Sonnenscheiben und Mondsicheln und einer geöffneten Dolde in der Hand. Oder als sitzende Mutter, den kleinen Horus (Harpokrates) stillend. Hauptheiligtum: Tempel auf der Insel Philae.

Maat

Verkörperung des zentralen altägyptischen Ord-
nungsbegriffs. Göttin der Gerechtigkeit. Ihr Symbol ist die Feder auf dem Kopf. »Priester der
Maat« nannte sich folglich der oberste Richter im
Land. Maat galt als Tochter des Rê. Sitzt im Gerichtssaal des Osiris auf dem Thron und läßt ihre
Feder gegen das Herz des Toten aufwiegen. Das
Bild der Maat findet sich in vielen Tempeln und
fast allen Gräbern.

Month

Einst thebanischer Lokalgott mit Haupttempel in
Karnak (deswegen hier genannt). Wird dort bald
von Amun überlagert.

Mut

Thebanische Göttin und Gemahlin des Amun
und Mutter des Mondgottes Chons. Gilt als die
Fürstin des Amun-Tempels in Karnak.

Nephthys

Schwester von Isis. Gebar Osiris den Anubis. Gilt
auch als Gattin des Seth. Wurde als Herrin des
Hauses angesehen. Auf dem Kopf trägt sie einen
Papyrusstengel mit Dolde, und in der Hand hält
sie das Ankh-Zeichen. Hauptheiligtum: Heliopolis.

Nut

Verschluckt als Mutter des Sonnengottes Rê jeden
Abend die Sonne. Gebiert sie am nächsten Morgen neu. Sie steht als große Kuh über der Welt, an
der alle Gestirne vorbeisegeln. In Heliopolis Gemahlin des Erdgottes Geb und Mutter von Osiris,
Isis, Nephthys und Seth. Dargestellt als Frauenfi-
gur mit den Füßen im östlichen, den Händen im

westlichen Horizont. Sie trägt das Himmelsge-
wölbe. Unter ihr sind meist Schu als Luftgott der
Atmosphäre und Geb als Erdgott dargestellt. In
vielen Tempeln in der Nähe des Allerheiligsten
zu sehen.

Osiris

In der Mythologie der älteste Sohn des Erdgottes
Geb und der Himmelsgöttin Nut. Gemahl seiner
Schwester Isis und Bruder des Seth. Die Osiris-Legende macht ihn zur obersten Gottheit. Da er sich
vom Sonnen- zum Mondgott wandelt, wird er
zum Herrn der Unterwelt. Als Gegenpart galt
später Rê, der Sonnengott. Meist ist Osiris in ein
enganliegendes Gewand gehüllt. Die Arme sind
über der Brust gekreuzt, in den Händen hält er
Zepter und Geißel, auf dem Kopf trägt er die
weiße Krone mit zwei hohen Federn. Kultsymbol
ist der Djed-Pfeiler.

Ptah

Schöpfergott, Schutzgott des Königtums. Nennt
sich »Hoherpriester« und »Oberster der Hand-
werksmeister«. Dargestellt mit enganliegendem
Gewand, Kopfkappe und Bart. Seine Kapelle
steht in Abydos, ebenso ist er mit im Allerheiligsten von Abu Simbel vertreten.

Rê

»Der Gott, der aus sich selbst entstanden ist.«
Ging als Sonne auf, war also etwas Sichtbares, ein
kosmischer Urgott. Später Sonnengott von Heliopolis, stand als Atum an der Spitze der großen
Neunheit. Seine nächtlichen Fahrten durch die
Unterwelt (gleich jener der Sonne) spielten eine
wichtige Rolle in den altägyptischen Jenseitsvorstellungen. Rê wurde später mit Amun, Chnum,

Month, Sobek und anderen verbunden. Kraftstrotzend zeigt er sich mittags im hellen Sonnenlicht, nachdem er als Chepre aufgegangen war, bevor er als erschöpfter Atum am Stab auf einer Barke in die Unterwelt fährt. Sein Kultsymbol ist der Obelisk.

Dargestellt wird er in Menschengestalt mit Falkenkopf und Sonnenscheibe als Rê-Harachte. Mit Bart als Rê-Atum, Herr der Welt und oberster Richter. Viele Hauptheiligtümer überall dort, wo sich andere Götter mit ihm verbinden. So etwa Amun-Rê in Karnak.

Sechmet

Löwengestaltige Göttin, Symbol des Morgensterns, der die sterbende Mondsichel in den Tod führt. Herrin über Kriege und Krankheit. Gemahlin des Ptah, auch das zornige Auge des Rê genannt, das jeden Feind der Sonne vernichtet. Botin des Todes. Dargestellt als Frau mit Löwenkopf. Gegenpol der fröhlichen Bastet, die als Abendstern den Mond auferstehen läßt. Ein Hauptheiligtum: der Mut-Tempel in Karnak.

Selket

Skorpiongöttin aus Unterägypten. Wächterin über das Leben nach dem Tod. Dargestellt als Frau mit einem Skorpion auf dem Kopf. Hüterin der Schwelle.

Ihre langen Arme umfassen alle, ihre kräftigen Schenkel spenden Lebensmut, was auch der leicht schwangere Leib anzeigt.

Seth

Gott der Wüste und der Sturmgewitter sowie der Gewalt. Bruder des Osiris, den er tötet und zerstückelt. Endkampf um das Gute mit Horus, der schließlich siegt. Aber er schützt auch den Sonnengott, indem er die Unterweltsschlange Apophis ersticht. Gelangt zu hohem Ansehen, so daß sich Pharaonen nach ihm nennen können. Wird »der Rote« genannt (erinnert an Mars) und als knochiger Mensch mit einem Phantasiekopf aus Motiven von Nilpferd, Esel, Schwein gezeigt. Auf dem Kopf manchmal eine Doppelkrone.

Sobek

Der Krokodilgott. Ein Gott, den man fürchtete und daher stets besänftigen mußte. Er wurde verehrt, weil er – wie die Sonne – sich aus dem Urschlamm erhoben hat. Wird mit Krokodilkopf dargestellt. Hauptheiligtum: Kôm Ombo.

Thoth

Ursprünglich Mondgott, weil am Mond die Zeit gemessen wurde (Einteilung des Jahres in Monate). Der Gott war der Kalendermacher. Da die Zeit die Gesetze bestimmt, auch Gott der Gesetze, des Schreibens und des Lesens. Damit auch der Gott der heiligen Bücher (die es kaum gab). Der Protokollführer beim Totengericht. Oft zusammen mit Ibis und Pavian, die seine heiligen Tiere sind, dargestellt. Mit Rê verbunden, ist er dessen Herz. Häufig trägt er Pinsel und Palette. (Dem griechischen Mythos vergleichbar: Mischung zwischen Hermes und Saturn.) Hauptheiligtum: Hermopolis Magna (in diesem Buch nicht sonderlich erwähnt).

Uräus

Ur-Schutzgöttin aus Unterägypten, als königliche Schlange Kronengöttin genannt. Das »feurige Auge« des Sonnengottes Rê, den sie gegen jeden verteidigt. Als Bild eine aufrechtstehende, weibliche Kobra, oft verdoppelt. Die Schlange war, als Mondsymbol und weil sie sich häuten kann, eine Versinnbildlichung der Auferstehung.

Übersicht über Symbole und Begriffe

Ach
Seelenwesen. Ähnlich dem Ba als Vogel dargestellt. Ach ist ein Symbol für die göttliche Seele,
die alles im Kosmos inspiriert. Es ist die unsterbliche Kraft, die Götter wie Menschen verklären
kann.

Achtheit
Die acht Urgötter des Chaos, die vier Götterpaare,
die vor der Entstehung der Welt herrschten.

Ankh (auch Anch)
Das Henkelkreuz als Lebenssymbol. Man gab
solch ein Kreuz auch als Amulett in das Grab mit,
um ewiges Leben zu sichern.

Ba
Die Seele, die nach dem Tod den Körper verläßt,
um sich später in einem anderen Leib wiederzu-
verkörpern. Wie Ach als Vogel dargestellt. Ba
kommt der Vorstellung von der Seele am nächsten.

Bart
In der Regel trugen die Ägypter keinen Bart, der
nur Göttern, Pharaonen und Vornehmen vorbe-

halten war. Aber zu rituellen Zwecken wurden auch künstliche Bärte angelegt.

Belebung
Die Gottheit spendete den Pharaonen für hervorragende Dienste Leben. Dargestellt durch eine lange Reihe von Ankh-Zeichen, welche die Nase berühren. In der Echnatonzeit wurde dies durch einen Strahl der Aton-Sonne symbolisiert.

Chepre
Hieroglyphe für Sein und Werden. Der Skarabäus als Käfersymbol.

Djed-Pfeiler
Hieroglyphe für Beständigkeit und Dauer. Die stilisierte Darstellung eines Baums wurde auch als mehrfarbiges Amulett getragen. Das als Aufrichten eines Djed-Pfeilers bezeichnete Ritual spielte bei Feierlichkeiten oft eine bedeutende Rolle.

Dreiheit
Die Gottheiten eines Orts, als Vater, Mutter und Sohn zu einer Triade (Trias) zusammengefaßt (siehe Seite 94).

Falke
Dieser Vogel genoß in Ägypten hohes Ansehen. Seine Scharfsichtigkeit wurde als göttliche Kraft angesehen. Es gab viele falkenköpfige Götter, in erster Linie Horus.

Geißel
Symbol der königlichen Macht, durfte daher nur von Königen und Göttern (Osiris) getragen werden.

Heiliger See
Symbol des Urwassers, zu jedem Tempel gehörend.

Ka
Die seelische Lebenskraft. Zum Ka gehen hieß sterben. Ging das Totengericht gut aus, flog der Ka in den Körper des Toten zurück. Wen sein Ka nicht verließ, der war nicht wirklich tot. Daher sollte der Ka im Grab mitwohnen, und dieses Wohnen mußte so angenehm wie möglich sein. Deswegen wurden ihm auch ständig Speisen und Getränke (nach festen Plänen) gereicht. Ka stand hinter oder vor der Scheintür des Grabs, um sich seine Opfergaben jederzeit holen zu können. Zeichen des Ka waren zwei nach oben ausgestreckte Arme mit angewinkelten Ellbogen.

Kanopen
Krüge – sehr oft aus Alabaster –, in denen man die Eingeweide der Toten bewahrte. Die Deckel der Gefäße waren meist mit den Köpfen der vier Hathor-Kinder geschmückt.

Krummstab
Herrscherzeichen. Geht auf den Schafhirtenstab zurück (heute Bischofsstab als Zeichen des guten Hirten).

Mastaba
Arabisch Bank. Das frühzeitliche Grab.

Naos
Eine Art Kapelle mit zweiflügeliger Holztür als Wohnung des Gottes im Allerheiligsten. In ihm wurde das Kultbild des Gottes (meist aus Edelmetall) aufbewahrt.

Neunheit

Göttergruppe in der heliopolitanischen Götter-
lehre, logisch aufgebaut aus Atum und den Göt-
terpaaren für Luft (Schu) und Feuchtigkeit
(Tefnut), für Erde (Geb) und Himmel (Nut) sowie
deren Nachkommen Osiris, Isis, Seth und
Nephthys.

Paviane

Paviane, die zu lärmen anfangen, sobald der Tag
anbricht, galten als Künder und Anbeter des Sonnengottes.

Skarabäus

Inbegriff der Urzeugung, da der Mistkäfer scheinbar von selbst aus der Mistkugel geboren wird.
Der Skarabäus schiebt sie vor sich her, in ihr sind
seine Eier geschützt aufgehoben.

Udjat-Auge

Ein oft angewandtes Schutzbild. Ein Auge, ähnlich dem Horus-Auge. Es sieht für den Toten
durch den Sarg die Welt. Jedoch auch das Auge
des allgegenwärtigen Horus-Gottes. Nach der altägyptischen Mythologie riß Seth dem Horus während ihres Endkampfs um das Gute das linke
Auge (das Mondauge) aus. Doch Thoth setzte das
Auge wieder ein und heilte es.

Uschebti

Kleine Figuren in Mumienform aus Ton, Stein
oder Holz.

Wasserspenden

Wie das Räuchern stand die Wasserspende am
Beginn jeder Kulthandlung. Damit wurde das Urwasser geehrt. Der Opfernde goß Wasser auf eine

Opferplatte oder in ein Becken am Boden. Das Zeichen für Wasser ist übrigens auch Ankh. Das Leben kommt aus dem Wasser.

Zepter
Altägyptische Herrscherinsignie, geht auf den Eseltreiberstock zurück. Im Gegensatz zum Krummstab, der vom Schafhirtenstab abgeleitet wurde.

Kurzüberblick über den historischen Ablauf

Hier soll der Ablauf der altägyptischen Geschichte skizziert werden, soweit das für dieses Buch erforderlich ist. Eine Geschichtsschreibung, wie wir sie kennen, gab es im alten Ägypten nicht. Fakten *und* Mythen flossen ineinander. Damit schließt sich folglich unser Kreis. Historische Daten wurden nicht im Ablauf der Jahre festgehalten, sondern an der Regierungszeit eines Pharao gemessen. So ordnen die Historiker die altägyptische Geschichte nach vier Kategorien:

Frühzeit – Altes Reich – Mittleres Reich – Neues Reich.

Zwischen diesen Phasen liegen oft Verfall oder Wirren, und diese Abläufe werden dann auch als Zwischenzeiten betrachtet. Eine andere ergänzende Einteilung ist die in Dynastien.

Frühzeit

Etwa 3000 bis 2600 vor Christus. 1. und 2. Dynastie.

Pharao Menes aus Abydos einigt Ober- und Unterägypten und macht Memphis zur Hauptstadt.

Altes Reich

Etwa 2600 bis 2200 vor Christus. 3. bis 6. Dynastie.

Pharao Djoser (Zoser) Stufenpyramide in Sakkara, Cheops, Chephrên, die großen Pyramiden in Gîzeh. Höhepunkt alter Kultur. Sonnengott Rê. Eine Phase des Zerfalls, geistiger und kultureller Verwirrung folgt.

Erste Zwischenzeit
Etwa 2200 bis 2040 vor Christus.

Mittleres Reich
Etwa 2040 bis 1780 vor Christus. 11. bis 13. Dynastie.
Erneute Reichseinigung durch Mentuhotep II. aus Abydos. Theben wird politischer Mittelpunkt. Amenemhêt I., Sesostris III. Glänzende Friedenszeit, Bewässerung, Bau der Nilometer.

Zweite Zwischenzeit
Etwa 1780 bis 1600 vor Christus.
Einfall der Hyksos aus Vorderasien, sie besetzen über hundert Jahre lang das Land. Die Hyksos führen Pferd und Wagen in Ägypten ein.

Neues Reich
Etwa 1575 bis 1080 vor Christus. 18. bis 20. Dynastie.
Ägypten wird expandierende Großmacht nach Vertreibung der Hyksos und erreicht seine größte Ausdehnung.
1580 – 1557 Ahmose von Theben, der die Hyksos vertreibt.
1557 – 1540 Amenophis I.
1540 – 1501 Thutmosis. Erste Gräber im Tal der Könige.
1501 – 1447 Blütezeit unter Thutmosis III.
1447 – 1411 Amenophis II. – Thutmosis IV.
1411 – 1370 Amenophis III. Ägyptisches Großreich.

1370 – 1358 Amenophis IV. (Echnaton, Nofretete,
Amarna-Reich).

1358 – 1350 Tut-ench-Amun.

1350 – 1085 Mit Ramses I. und seinem Sohn Sethos
I. beginnt eine große Zeit, die von der Herrschaft
Ramses' II. gekrönt wird. Während seiner 66jäh-
rigen Regierungszeit schließt Ramses II. Frieden
(durch Hochzeit) mit den Hethitern. Ungefähr die
Zeit des biblischen Auszugs. Mit Ramses XII. endete die 20. Dynastie.

Spätzeit

Etwa 1080 bis 332 vor Christus. 21. bis 30. Dynastie.

Verfall des Reichs nach kultureller und wirt-
schaftlicher Blüte. Persische Herrschaft.

332 bis 30 vor Christus. Griechische Herrschaft,
Alexander der Große. Ptolemäus I. – XIV. Kleopatra.

30 vor Christus bis 400 nach Christus. Römische
Herrschaft. Ägypten wird christlich.

Ab 400 nach Christus. Byzantinische Herrschaft.

Da ab 640 nach Christus dann die islamische
Herrschaft begann, ist es nicht notwendig, den
Ablauf der historischen Geschichte Ägyptens hier
weiterzuskizzieren. Jeder gut konzipierte und allgemein gehaltene Reiseführer gibt dem ge-
schichtlich Interessierten darüber detaillierte
Auskunft.

Der magische Zauber Ägyptens

Bereits in der Antike galt Ägypten als das Reiseland Nummer eins. Besonders die Griechen waren vom Land am Nil fasziniert. Auch heute zieht uns dieses Land in seinen Bann – und nicht nur wegen der kolossalen Bauten, der zahlreichen Gräber und Tempel. Jeder, der die Pyramiden zum erstenmal sieht und mehr von deren Breite als von der Höhe beeindruckt ist, der spürt beim Anblick dieser Ruinen (leider handelt es sich um kaum anderes mehr), daß sich dahinter weitaus mehr verbirgt als riesige Monumente. Die Einmaligkeit der Konzeption läßt die Herzen und Seelen höher schlagen. Dann wird gefragt: Wer konnte diese Bauwerke gestaltet, berechnet und gebaut haben? Es folgt die Frage nach dem Sinn, warum hier Abertausende Schwerstarbeit geleistet haben. Dieses Weltwunder ist nicht allein mit Fron, mit Zuckerbrot und Peitsche in die Wüste zu setzen. Hier steckt vielmehr innere Aufgabe, innere Begeisterung und inneres Wissen all derer dahinter, die diese Pyramiden errichteten, also sowohl der Architekten wie der Hilfsarbeiter. Mag sein, daß die letzten Geheimnisse – zumindest der Cheops-Pyramide – nicht zu klären sind, trotzdem sei vor zu vielen Spekulationen ein wenig gewarnt. In der Klarheit und Einfachheit liegt

Weltwunder entstehen nicht allein mit Zuckerbrot und Peitsche

stets der tiefe Sinn. Und der lautet hier: Nach dem
Tod zu den Sternen zu streben, dort, wo die
Schöpfer allem Anschein nach wohnen. Denn
vom Himmel kommt alles.

Aller Segen, aller Fluch.

Vom Himmel kommt das Leben!

Wer also weiterleben will, der muß erst einmal
zurück in den Himmel. Das ist die innere Wahrheit, der esoterische Schlüssel, der den Lebens-
sinn mehr enthüllt als alle sogenannten logischen
Erklärungen und irdischen Beweise. Dies berührt
uns alle – ob wir es sofort ins Bewußtsein aufnehmen oder nicht. Jeder spürt in Ägypten, daß hinter all den Bauwerken viel mehr steckt, als sich der
Intellektuelle von heute auch nur im entferntesten
vorstellen kann. Auf der ganzen Welt gibt es alte
Tempel, Großbauten, Großanlagen, aber sie alle
berühren uns innerlich nicht so tief, so unvergeßlich wie die Bauten am Nil.

Rückkehr zu den
Ursprüngen
Wir sind am Nil zu den Ursprüngen unseres
Selbst zurückgekehrt, zumindest die Europäer
und jene Menschen, die aus Europa weggingen.
Hier findet sich das archetypische Wissen wieder,
welches wir immer gesucht haben oder noch suchen. Hier liegt das »Déjà-vu-Erlebnis«, ohne nun
zweifelhaften Reinkarnationsvorstellungen das
Wort zu reden. Wer sich esoterisch bilden oder
weiterentwickeln will, dem wird Ägypten unvergeßlich bleiben.

Natürlich kann man auch anders durch Ägypten reisen: Mit einem Schiff auf dem Nil sonnen-
badend dahingleiten. Kurzer Blick in die Tempel,
Erinnerungsphotos schießen und abends zu lauter Discomusik auf einem der vielen Musikdamp-
fer stampfen. Nur waren diese Reisenden nie in
Ägypten, haben nichts vom magischen Zauber
dieses Landes gespürt. Wer so reist, der macht

sich unter Umständen auch über die vielen Götter mit den Tierköpfen lustig. Man stößt sich an der äußeren Form, ohne den tiefgründigen Inhalt zu erkennen oder zu verspüren. Doch damit fängt das Begreifen eigentlich an, gerade wenn wir unsere Abstammung nicht verleugnen wollen.

In den Tierfiguren sind bestimmte außer-, ja übermenschliche Mächte »sichtbar« dargestellt. Die Tiere selbst sind keine Götter, doch können deren Wesenszüge in ihnen gleichnishaft Gestalt annehmen. Im Tier erblickten die Altägypter ein Symbol für das, was den Menschen übersteigt und bewältigt: nämlich die Erscheinungsform göttlicher Mächte.

Ein in Ägypten häufig anzutreffendes Symbol, das bisher noch nicht genügend geschildert wurde, soll dies zum Abschluß unterstreichen.

Eine alte Himmelsvorstellung war, daß sich die Fittiche eines Falken über die Welt erstrecken. Sonne und Mond galten als die Augen des Vogels. Später – ab der 5. Dynastie – wurde zwischen beide Flügel die Sonnenscheibe gesetzt, wodurch das Sinnbild des Himmels zu einem solaren Symbol wird. Die Ägypter schauten! Sie schauten auf ihren Nil, auf dessen Ufer, auf die Tiere, und sie schauten gen Himmel. Sie erkannten, daß sich Kräfte, die ihnen nicht innewohnen, scheinbar in Tieren, schließlich jedoch im Himmel offenbarten, und erfaßten so das Wesentliche ihrer Götterwelt. Deswegen finden wir die Flügel des Falken mit der Sonnenscheibe überall in und an den Tempeln. Die Seelen der Menschen streben zum Himmel, das ist eine esoterische Erkenntnis und innere Wahrheit. Dies lernen wir in Ägypten wie vielleicht nirgends anderswo verstehen.

Literaturverzeichnis

John Baines: Die Zeit und der Fluß – Der Nil und das alte Ägypten. Beitrag im Unesco-Kurier Nr. 9/1988.

R. Bentmann: Abydos. Beitrag im Logbuch Ägypten. Karawane Verlag, Ludwigsburg.

Emma Brunner-Traut: Osiris – Kreuz – Halbmond – Die drei Religionen Ägyptens. Zusammen mit Hellmut Brunner und Johanna Zick-Nissen. Philipp von Zabern, Mainz.

Robin Fedden: Ägypten. Prestel Verlag, München.

Manfred Lurker: Das Tier als Symbol im alten Ägypten. Kleine Senckenberg-Reihe Nr. 8. Senckenbergische Naturforschende Gesellschaft, Frankfurt.

Marianne Doris Mayer: Richtig Reisen: Ägypten. DuMont Buchverlag, Köln.

Bernd A. Mertz: Der Ägyptische Tarot. Bauer, Freiburg im Breisgau.

Bernd A. Mertz: Die Esoterik in der Astrologie. esotera taschenbücherei, Bauer, Freiburg im Breisgau.

Horst M. Müllenmeister: Land der Pharaonen, TUI Hannover.

Der große Polyglott: Ägypten. Polyglott Verlag Dr. Bolte, München.

Evelyn Rossiter: Die Ägyptischen Totenbücher. Liber SA and Editions Minerva SA. Fribourg-Genève.

Mohamed Saleh: Die Hauptwerke im Ägyptischen Museum Kairo. Mit Hourig Sourouzian. Herausgegeben vom Antikendienst Arabische Republik Ägypten. Philipp von Zabern, Mainz.

Hans Strelocke: Ägypten und Sinai. DuMont Kunst-Reiseführer, DuMont Buchverlag, Köln.

Auke A. Tadema: Unternehmen Pharao – Die Rettung der ägyptischen Tempel. Zusammen mit Bob Tadema Sporry. Gustav Lübbe Verlag, Bergisch Gladbach.

Peter A. Thomas: Klassisches Ägypten. Poseidon Press Verlagsges.m.b.h., Wien.

Dr. Josef Wiesner: Kairo – Heliopolis. Beitrag im Logbuch Ägypten. Karawane Verlag, Ludwigsburg.

Dr. Dietrich Wildung: Das antike Theben – Mêdinet Hâbu – Edfu – Kôm Ombo – Das antike Assuan. Beiträge im Logbuch. Karawane Verlag, Ludwigsburg.

Jean Yoyotte: Das Weltbild im alten Ägypten. Unesco Kurier 9/1988.

Philipp von Zabern: Ägyptens Aufstieg zur Weltmacht. Verlag Philipp von Zabern, Mainz.

Erich Zehren: Die Biblischen Hügel – Zur Geschichte der Archäologie. Herbig, Berlin.

Ägypten erleben:
Praktische Hinweise

Angesichts der Touristenmassen, die jedes Jahr durch das Land am Nil geschleust werden, und angesichts der Souvenirhändler und Reiseführer, die jede Sehenswürdigkeit belagern, gleichen die heiligen Stätten oft eher einem Rummelplatz als einem Ort der Andacht und Stille. Die in diesem Buch beschriebenen Zusammenhänge zu erahnen, die Kraft heiliger Orte zu erspüren, ist unter solchen Umständen nur schwer möglich.

Zudem reisen die meisten Touristen mit einer Gruppe nach Ägypten. Sie besichtigen in festgesetztem Tempo und haben kaum Muße, die Orte auf sich wirken zu lassen. Trotzdem gibt es auch für Gruppenreisende Möglichkeiten, ihr ganz privates Ägypten zu entdecken und die ersten, flüchtigen Eindrücke zu vertiefen. Sie können sich zum Beispiel in den »freien« Stunden selbständig machen und auf eigene Faust zu den Tempeln oder Pyramiden zurückkehren. In Kairo gehört noch etwas Mut dazu, auf eigene Faust loszuziehen. Aber Ihr Hotel hilft Ihnen sicher, ein Taxi zu finden. In Luxor bieten sich Ausflüge per Fahrrad an, Fahrradvermietungen finden Sie überall im Ort und an der Anlegestelle der Fähre. Vielleicht können Ihnen die folgenden Anregungen dabei helfen, den Zauber Ägyptens zu erleben.

Reisezeit/Besuchszeit

Wenn Sie sich der Hitze und dem Wüstenklima gewachsen fühlen, können Sie Ägypten außerhalb der Hauptreisezeit (Oktober bis April) besuchen. Im Juli oder August werden Sie mit Sicherheit auf weit weniger Touristen treffen. Legen Sie Ihre Besichtigungszeiten auf den frühen Morgen und den späten Abend, wenn die Temperaturen erträglicher sind. Die meisten Reisegruppen und Souvenirhändler beginnen ihren Tag erst gegen acht Uhr, oft werden jedoch die Tempelanlagen schon früher geöffnet. Erkundigen Sie sich nach den Besuchszeiten! Auch abends, kurz bevor die Anlagen geschlossen werden, verirren sich nur noch wenige Gruppen in die Tempel. Die Andenkenverkäufer haben ihr Tagwerk erfüllt, packen ihre Statuetten und Skarabäen zusammen und lassen den späten Besucher meist in Frieden.

Dies ist auch die Zeit, in der die Monumente ihre ganze geheimnisvolle Pracht entfalten. Die schrägstehende Sonne zeichnet rätselhafte Schattenbilder in die endlosen Korridore der Tempelanlagen, die Farben der Wandmalereien leuchten in warmen, klaren Farben, die Statuen der Götter und Pharaonen scheinen im Dämmerlicht plötzlich zum Leben zu erwachen. Aber auch der frühe Morgen birgt seinen besonderen Zauber: Genießen Sie die kühle Wüstenluft und beobachten Sie, wie die aufgehende Sonne die Mondsichel verdrängt!

Son et Lumière

Licht-Ton-Schauen sind der Versuch, in und vor den ägyptischen Monumenten wichtige Epochen der Pharaonengeschichte möglichst hautnah darzustellen. Dramatische Stimmen vom Band erzählen von den Ruhmestaten der Herrscher,

Lichtspiele begleiten die Erzählung. Jedem, der sich eine solche Schau ansieht, sollte bewußt sein, daß sich die Veranstaltung am amerikanischen Touristengeschmack orientiert. Er sollte sich vom Pomp und Kitsch möglichst nicht beeindrucken lassen, sondern ganz einfach die Lichtspiele vor den Pyramiden oder im Tempel von Karnak auf sich wirken lassen, die sehr wohl eine lebendig-unheimliche Atmosphäre schaffen.

Besonders gelungen ist Son et Lumière in Karnak, das Sie sich auf keinen Fall entgehen lassen sollten. Eine geheimnisvolle Stimme führt den Besucher durch den völlig unbeleuchteten Säulenwald von Karnak zum Heiligen See. Die Säulen scheinen ins Unendliche zu wachsen, mit jedem Schritt sehen Sie neue Sternbilder zwischen den Säulenreihen aufscheinen und wieder verschwinden, langsam nähern Sie sich dem Allerheiligsten des Tempels und dem heiligen See, wo dann die eigentliche Ton-Bild-Schau stattfindet.

Dieser nächtliche Gang durch die Säulenreihen lohnt allein schon den Besuch der Schau. Halten Sie sich abseits und konzentrieren Sie sich auf den Gesang des Windes und die fremdartigen Geräusche der Nacht.

Spaziergänge

Oft ist es auch gar nicht so wichtig, *in* den Tempel, die Pyramide, das Grab zu gelangen, Atmosphäre und Kraft eines Ortes können sich auch bei der Betrachtung von außen mitteilen. So birgt zum Beispiel ein nächtlicher Spaziergang zwischen den Pyramiden von Gîzeh eine unvergeßliche Erfahrung. Die Silhouetten der drei Pyramiden vor dem sternübersäten Wüstenhimmel lassen den Besucher erahnen, wie tief für die alten Ägypter Himmel und Erde, Diesseits und Jenseits miteinander verwoben waren. So klar versinnbildlichen diese Monumente die Botschaft, der Mensch solle nach den Sternen streben. Sie sehen die Milchstraße, den himmlischen Nil, aus dem alles Leben kommt und der das Land nährt. Wenn dann am Morgen die Sonnenbarke wieder über dem Horizont aufsteigt und den Himmel erobert, können Sie vielleicht das Grundprinzip der ägyptischen Weltanschauung vom Sterben und Wiedergeborenwerden verstehen.

Allerdings sollten Sie die bedrängende Realität des modernen Ägypten nicht vergessen: Unternehmen Sie einen solchen nächtlichen Spaziergang nicht allein und lassen Sie Ihre Wertsachen im Hotel!

Kamelritt

In Gîzeh finden Sie auch Kameltreiber, die ihre Tiere für einen Rundritt um die Pyramiden vermieten. Einige organisieren aber auch längere Exkursionen, wie zum Beispiel einen Ritt von Gîzeh nach Sakkara, der allerdings nur erfahrenen Reitern zu empfehlen ist. Vier Stunden brauchen die Dromedare für die einfache Strecke; wiegenden Schrittes tragen sie Sie durch eine fruchtbare Oasenlandschaft, die allmählich übergeht in graue Geröllwüste, wo aus dem Nichts plötzlich die Stufenmastaba des Djoser aufscheint. Hier haben Sie ausreichend Zeit, die Monumente zu besichtigen, bevor Sie sich auf den gemächlichen Heimweg machen.

Der Ausflug ist anstrengend und erfordert robustes Sitzfleisch, aber im schaukelnden, gemächlichen Gang der Tiere erschließt sich, ebenso wie im langsamen Dahinfluten des Nils, der Herzschlag Ägyptens.

Nilfahrt

Der Nil war und ist die Lebensader Ägyptens.
Früher befuhren die Pharaonen mit ihren königlichen Barken den Fluß, reisten die Götter auf ihm
von Tempel zu Tempel, heute transportieren
Kreuzfahrtschiffe kulturhungrige Touristen auf
dem heiligen Fluß. Wenn Sie den Nil einmal be-
sinnlich erleben möchten, können Sie in Assuan
eine ägyptische Dhau zu einer Rundfahrt zur Insel Elephantine mieten. Bereits diese kurze Fahrt
kann Ihnen die segnende Kraft des Flusses für die
Menschen, die an seinen Ufern leben, erschließen.
Sie sehen Frauen beim Wasserholen, Tiere werden getränkt, Geschirr wird gewaschen, ebenso
wie der Po eines Kleinkindes.

Haben Sie jedoch Zeit und Lust, ein größeres
Abenteuer zu wagen, können Sie mit einer Dhau
auch von Assuan bis Luxor fahren. Die Reise
dauert zwei bis drei Tage, mit an Bord sind ein
Steuermann und ein Koch. Die Verhältnisse sind
denkbar einfach, gegessen wird gemeinsam aus
einem großen Topf, geschlafen wird in Schlafsäk-
ken an Deck. Mit der Dhau folgen Sie der Strö-
mung und den Winden, vergessen sind Hetze
und Termindruck. Zwischendurch wird angehal-
ten, weil die Essensvorräte ergänzt werden müssen, oder weil ein Tempel am Ufer den Besuch
lohnt. Sie nähern sich den Heiligtümern so, wie
es vor Jahrtausenden die Pharaonen und Götter
taten, vom Nil aus.

Wenn Sie bereit sind, für zwei Tage auf Be-
quemlichkeiten zu verzichten, werden Sie dafür
reich belohnt: In der Morgendämmerung, wenn
Tausende von Wasservögeln im Uferschilf erwachen, bei Sonnenuntergang, wenn eine Kamelher-
de zur Tränke ans Wasser getrieben wird, in allen
Dingen können Sie den Rhythmus des Flusses

und damit den Pulsschlag Ägyptens spüren und
sehen. Sie werden ein tiefes Wissen vom Wesen
der ägyptischen Religion mit nach Hause nehmen.

Einreise
Zum Besuch Ägyptens brauchen Sie einen noch
mindestens sechs Monate gültigen Paß und ein
Visum, das Sie bei der Ägyptischen Botschaft in
Bonn beantragen können (frankierten Rückum-
schlag beilegen!). Es gibt auch die Möglichkeit,
das Visum bei der Ankunft am Flughafen von
Kairo oder Luxor ausstellen zu lassen, Sie müssen
nur ein Paßfoto vorlegen.

Innerhalb von sieben Tagen nach der Einreise
muß zusätzlich zum Visum noch ein zweiter
Sichtvermerk von den ägyptischen Behörden in
den Paß eingetragen werden. Diese Formalität
erledigt meist Ihr Hotel.

Geld
Das ägyptische Pfund wird unterteilt in 100 Pia-
ster. Es gibt einen Schwarzmarkt, den Sie jedoch
meiden sollten, denn oft geraten ahnungslose
Touristen gerade beim Schwarztauschen an Die-
be oder Trickbetrüger, die mit Falschgeld oder
Zeitungspapier »bezahlen«. Euroschecks und
Kreditkarten akzeptieren nur größere Hotels und
Geschäfte, Reiseschecks können Sie in den Ban-
ken problemlos einwechseln. Die Wechselquit-
tungen sollten Sie aufheben, sie gelten als Belege
dafür, daß Sie offiziell gewechselt haben. Nur
nach Vorlage einer Wechselquittung werden am
Ende der Reise übriggebliebene Banknoten zu-
rückgetauscht. Generell gilt: Wechseln Sie lieber
kleinere Beträge, denn das Zurücktauschen
bringt einen enormen Kursverlust.

Klima/Reisezeit

Beste Reisezeit für Ägypten sind die Monate Oktober bis April, dies ist allerdings auch die Zeit, in der das Land von Touristen überflutet wird. Im Sommer herrschen so hohe Temperaturen (bis 40 Grad in Assuan z. B.), daß eine Reise nur hitzegewöhnten Menschen zu empfehlen ist. Im Frühjahr bringt (März bis Mai) der gefürchtete Hamsin, ein trockenheißer Wüstenwind, das öffentliche Leben oft tagelang zum Erliegen und bedeckt alles und jeden mit einer Schicht feinsten Saharasandes.

Eine beste Reisezeit gibt es also nicht – Sie sind entweder mit Touristenströmen oder mit extremen klimatischen Bedingungen konfrontiert (siehe dazu auch »Ägypten erleben«).

Kleidung

Wenn Sie in der kühlen Jahreszeit zwischen November und März nach Ägypten reisen, sollten Sie sich auf warme Tage und kühle Abende und Nächte einrichten. Empfehlenswert ist leichte Baumwollkleidung, die den Schweiß gut absorbiert. Für die Abende sollte ein leichter Pullover oder eine Windjacke/Jackett im Gepäck nicht fehlen. Wählen Sie Ihre Kleidung nach praktischen Gesichtspunkten aus, schließlich verbringen Sie den ganzen Tag in staubigen Tempelanlagen und Gräbern. Ein Sonnenhut und stabile Laufschuhe sind unentbehrlich. Vergessen Sie bitte nicht, in der Wahl Ihrer Kleidung auch auf die Moralvorstellungen Ihres Gastlandes Rücksicht zu nehmen (siehe auch Religion): Verzichten Sie auf Shorts und kurze Röcke, tragen Sie keine tief ausgeschnittenen oder transparenten Blusen.

Sicherheit

Als Tourist brauchen Sie sich in Ägypten nicht mehr in acht zu nehmen als anderswo auf der Welt. Seien Sie sich aber bewußt, daß Sie durch ein sehr armes Land reisen und provozieren Sie Ihre Umgebung nicht durch protziges Auftreten. Verzichten Sie lieber auf das Tragen teurer Schmuckstücke und achten Sie auf Ihre Tasche, auf Photoapparat und Videokamera. Besonders aufmerksam sollten Sie sich in Situationen verhalten, in denen Sie von Kindern, Andenkenhändlern und Bettlern regelrecht »überfallen« werden. Ihre Wertsachen sollten Sie lieber im Hotelsafe deponieren oder in einem sicheren Geldgürtel/Brustbeutel verstauen (siehe Seite 215: »Nützliches für unterwegs«)

Gesundheit

Impfvorschriften für die Einreise nach Ägypten existieren nicht, Sie sollten sich jedoch vor Antritt der Reise bei Ihrem Hausarzt oder dem Tropeninstitut über notwendige Vorsorgemaßnahmen informieren. Wichtigste Regeln: Trinken Sie kein Wasser, essen Sie kein ungeschältes Obst oder gar Eiscreme. Probieren Sie lieber den köstlichen ägyptischen Tee, der Durst viel besser stillt als jedes kalte Getränk!

Wahrscheinlich werden Sie nicht in Versuchung kommen, im Nil zu baden. Sie sollten es jedoch nach Möglichkeit vermeiden, mit dem Flußwasser auch nur in Berührung zu kommen, da der Nil bilharzioseverseucht ist. Wenn Sie, aus welchen Gründen auch immer (bei der weiter unten beschriebenen Flußreise ist das gelegentlich nötig), im Fluß gewatet sind, sollten Sie nach der Reise ein Tropeninstitut aufsuchen und einen Bilharziosetest machen lassen. Auch im Straßen-

staub der Altstadtgassen können Infektionen dro-
hen, deshalb sollten Sie in Ägypten nie barfuß
laufen und nach Möglichkeit auch immer
Strümpfe in Sandalen tragen. Bereits kleinste
Kratzer am Fuß können sich durch Staub und
Schmutz böse entzünden.

In Ihrer Reiseapotheke sollte ein Mittel gegen
Durchfall nicht fehlen, wichtig ist auch eine Salbe
zur Behandlung von Mückenstichen und ein Son-
nenschutzmittel mit hohem Lichtschutzfaktor.

Religion, Verhalten

Ägypten ist ein islamisches Land, die zweite religiöse Kraft, die Koptische Kirche, spielt nur eine
unbedeutende Rolle. Im Gegensatz zum Christentum regelt der Islam das Leben seiner Gläubigen sehr direkt. Es gibt fünf Regeln, die
Muslime zu befolgen haben: Sie müssen Allah als
einzigen Gott anerkennen, täglich fünfmal zu
festgesetzten Zeiten beten, eine 30 Tage dauernde
Fastenzeit, den *Ramadan*, einhalten, einmal im Leben nach Mekka, an das Grab des Religionsstifters
Mohammed pilgern, und sie müssen Almosen,
zakkat, geben. Die Frau ist im Islam an Haus und
Kinder gebunden, in der Öffentlichkeit sollte sie
nie allein und unverschleiert auftreten.

Mit diesen religiösen Grundelementen sind
auch Touristen konfrontiert. Wichtigster Punkt
hierbei ist die untergeordnete und streng regle-
mentierte Stellung der Frauen. Aus westlicher
Sicht ist die gesellschaftliche Verbannung der
Frauen unmenschlich. Für einen Muslim und oft
auch für die gläubigen Frauen bedeuten diese
Regeln Schutz und Ansehen. Für Frauen, die
durch Ägypten reisen, hat dies natürlich Konse-
quenzen: Sie sollten unbedingt darauf achten, immer »sittsam« gekleidet zu sein, das heißt,

Oberarme und Beine bis übers Knie zu bedecken (siehe auch »Kleidung«, Seite 211). Wenn Sie mit Ägyptern sprechen, vermeiden Sie längeren Blickkontakt oder sonstiges Verhalten, das als Aufforderung zu »mehr« angesehen werden könnte. Alleinreisenden Frauen kann ein Ehering recht nützliche Dienste erweisen. Bitte denken Sie daran, daß diese Regeln nicht nur dazu da sind, Sie vor Aufdringlichkeiten zu schützen, sondern daß Sie mit zurückhaltendem Verhalten und dezenter Kleidung auch das Gefühl für Anstand der ägyptischen Frauen und Männer respektieren. Für eine gläubige Ägypterin gibt es wohl keine entwürdigendere Situation, als einer leichtbekleideten = nackten Europäerin gegenüberzustehen.

Schweinefleisch gilt als unrein und darf nicht gegessen werden, ein Gebot, an das sich alle Muslime streng halten. Nicht ganz so streng nehmen es viele inzwischen mit dem Alkoholverbot. Trotzdem sollten Sie in ländlichen Gegenden und außerhalb der großen Touristenhotels darauf verzichten, öffentlich Alkohol zu trinken, denn auch dies könnte Ihre Gastgeber beleidigen.

Als unrein gilt den Mohammedanern auch die linke Hand, da man sich nach dem Stuhlgang mit der linken Hand und Wasser reinigt.

Toilettenpapier werden Sie in großen Teilen der arabischen Welt nicht finden, dafür aber Wasserbehälter, die in jeder Toilette aufgestellt sind. Vermeiden Sie es also, jemandem Ihre Linke entgegenzustrecken!

Sicher werden Sie in Ägypten auch öfters betenden Muslimen begegnen, die einfach am Straßenrand ihren Gebetsteppich ausgerollt haben. Respektieren Sie die Andacht des Betenden und verzichten Sie sowohl auf zudringliches Anstarren als auch auf Photographieren.

Zum Thema Photographieren sollten Sie noch beachten: Knipsen Sie niemanden ohne sein Einverständnis, für viele Ägypter ist der Photoapparat auch heute noch ein Instrument, das ihnen die Seele stiehlt.

Zum Schluß noch einige Bemerkungen zum Thema Betteln und Andenkenhändler: Jeder Tourist wird in Ägypten, sei es bei den Pyramiden in Gîzeh, in Karnak oder Theben-West, von einer Horde selbsternannter Guides, Andenkenhändler, Bettler und Kinder überfallen. Die erste Reaktion auf diesen Empfang ist bei den meisten Menschen Panik, oft werden sie dann auch beleidigend und schlagen buchstäblich um sich. Auch wenn es schwerfällt, sollten Sie abwarten, Ruhe bewahren und den Ansturm einfach über sich ergehen lassen. Die Menschen merken recht schnell, ob jemand sich »weichklopfen« läßt. Lehnen Sie ruhig und bestimmt ab und setzen Sie Ihren Weg fort, Sie werden sehen, wie schnell sich das Interesse von Ihnen auf andere verlagert. Vergessen Sie nicht, unter welchen Bedingungen die Menschen hier ihr Leben fristen, und daß auch der kleinste Verdienst für sie sehr wichtig sein kann.

Nützliches für unterwegs

Eine kleine Taschenlampe kann in Ägypten sehr hilfreich sein, sowohl beim Besuch dunkler Gräber und Tempelanlagen als auch beim nächtlichen Nachhauseweg durch schlecht beleuchtete Altstadtgassen. Wenn Sie Fön, Rasierapparat oder ähnliches mitnehmen, brauchen Sie einen Adapter für die ägyptischen Steckdosen (England-Stecker oder Weltreisestecker). Ein Taschenmesser (Vielzweckmesser) kann sich unterwegs ebenfalls als nützlich erweisen (Schälen von

Obst). Haben Sie längere Fußmärsche, Kamel-
oder Fahrradtouren vor, dann sollten Sie eine
Wasserflasche mitnehmen, damit Sie unterwegs
nicht auf das örtliche Trinkwasser angewiesen
sind. Eventuell auch an Wasserentkeimungsta-
bletten (z. B. Mikropur) denken! Zur Aufbewah-
rung Ihrer Wertsachen (Paß, Schecks und
Bargeld) gibt es Geldgürtel, Brust- oder Beinbeu-
tel oder Geldkatzen, in denen Sie Ihre Preziosen
fast unsichtbar am Körper verstecken können.
Alle erwähnten Artikel bekommen Sie in guten
Sportartikelgeschäften oder in Shops für Reise-
und Expeditionsbedarf.

Register

MAGISCH REISEN

Anne Tappe
TÜRKEI
Brücke zwischen Orient und Okzident
(Goldmann Taschenbuch 12280)

Bernd A. Mertz
ÄGYPTEN
Land von Isis und Osiris
(Goldmann Taschenbuch 12281)

Bernd A. Mertz
GRIECHENLAND
Vom Olymp zum Orakel von Delphi
(Goldmann Taschenbuch 12282)

David Luczyn
DEUTSCHLAND
Ein Führer zu Orten des Lichts und der Kraft
(Goldmann Taschenbuch 12284)

Natasha Peterson
NORDAMERIKA
Heilige Orte der Kraft
(Goldmann Taschenbuch 12285)

Wulfing von Rohr
INDIEN
Geburtsland von Mystik, Magie und Meditation
(Goldmann Taschenbuch 12286)

Gilbert Altenbach/Boune Legrais
FRANKREICH
Land der Barden und Druiden
(Goldmann Taschenbuch 12287)

Louis Charpentier
SPANIEN
Das Geheimnis der Pilgerstraßen
(Goldmann Taschenbuch 12288)